Lothar Klein / Herbert Vogt

# Freinet-Pädagogik in Kindertageseinrichtungen

## Entdeckendes Lernen oder „Vom Hunger nach Leben“



Herder Freiburg · Basel · Wien

Erzähle mir – und ich vergesse.
Zeige mir – und ich erinnere.
Laß es mich tun – und ich verstehe.

Konfuzius

Gedruckt auf umweltfreundlichem, chlorfrei gebleichtem Papier

Einbandfoto: Hartmut W. Schmidt, Freiburg

Fotos Innenteil: Lothar Klein: S. 53, 77, 92, 101, 111, 114
Foto S. 13: © Pädagogik-Kooperative Bremen, Goebenstr. 8, 28209 Bremen
Fotos S. 65: entnommen aus: Catalogue of the exhibit, The Hundred Languages of Children, S. 31. © 1996 Municipality of Reggio Emilia-Infant-Toddler Centers and Preschools, published by: REGGIO CHILDREN S.r.l. – Via Guido da Castello, 12 – 42100 Reggio Emilia-Italia (Tel. 0522/455416 – Fax: 0522/455621).


Satz: Barbara Herrmann, Freiburg
Druck und Bindung: Freiburger Graphische Betriebe 1998
ISBN 3-451-26354-8

# Inhalt

# 1. Einleitung

Wir schreiben Oktober 1981 und befinden uns im Lehrerzimmer eines renommierten Wiesbadener Gymnasiums. In einem Pausengespräch wendet sich ein alteingesessener Lehrer an den jungen Referendar neben ihm und fragt: „Junger Mann, was macht die pädagogische Front?" Diese Frage, so leicht dahingesprochen, beschäftigte den Referendar noch lange Zeit. Als angehender Pädagoge wollte er nämlich an keiner Front stehen. Die 70er Jahre waren gerade vorüber. Sozialdemokratische Reformgedanken und auch A.S. Neils Versuche der antiautoritären Erziehung in Summerhill wirkten noch nach. Der Referendar war einer von uns beiden: Lothar Klein.

Ursprünglich waren wir beide Lehrer, Herbert Vogt in der Grundschule und Lothar Klein im Gymnasium. Unsere Biographien ähneln sich in diesem Punkt. Beide wechselten wir unmittelbar nach dem Referendariat aus dem Schuldienst in Kindertagesstätten.

Während der angehende Grundschullehrer bereits während seines Studiums „auf Freinet gestoßen" war, lernte der Gymnasiallehrer die Freinet-Pädagogik erst im Hort kennen. Beim ehemaligen Grundschullehrer geriet die Freinet-Pädagogik im Hort vorläufig wieder in den Hintergrund. Auf sich alleine gestellt schien dieser aus der Schule stammende Ansatz nicht auf die Kindertageseinrichtung übertragbar.

Mehr Glück hatte der ehemalige Gymnasiallehrer. Er begann seine Kindertagesstättenkarriere 1983 in einer „Freinet-Einrichtung". Er traf – zufällig – auf ein Klima, das von Aufbruch, Kreativität, Engagement und von Hunger nach Leben geprägt war: Vier Kindertagesstätten hatten bereits Ende 1979 die Freinet-Pädagogik für sich entdeckt und trafen sich seitdem alle vierzehn Tage in einem Freinet-Arbeitskreis. Dort wurde geknobelt und gesucht, entdeckt und probiert. In den 80er Jahren wuchs dieser Freinet-Arbeitskreis so stark, daß schließlich 13 Kindertagesstätten dazu gehörten.

Erst Mitte der 80er Jahre, die Freinet-Pädagogik hatte sich in Wiesbaden bereits etabliert, trafen sich der ehemalige Gymnasial- und der ehemalige Grundschullehrer das erste Mal: Herbert Vogt, mittlerweile Fachberater für Kindertagesstätten in Hanau und Lothar Klein, nun Leiter der Kindertagesstätte Friedrich-Engels-Weg in Wiesbaden.

Uns war damals die Faszination folgender Gedanken gemein: „Den Kindern das Wort geben!"[1] – „Durch Selbsttätigkeit wird aller Bildungserwerb erzielt."[2] – „Nicht für alle das gleiche zur gleichen Zeit!"[3] Und natürlich waren wir wie Freinet von folgendem überzeugt: „Das Kind ist hungrig nach Leben und Aktivität."[4]

Von nun an beschäftigten uns auch in kooperativem Austausch Freinets pädagogische Gedanken – vor allem seine Praxis – und ließen uns nie wieder los. Bedanken müssen wir uns in diesem Zusammenhang auch bei unseren eigenen Kindern, die uns viel von ihrem Hunger nach Leben und Aktivität haben spüren lassen. Sie brachten uns immer wieder zum Staunen, etwa wenn sie „Frauen mit Wunderhüten" gezeichnet, Geschichten von Kamelen mit Masern und von in Mäuse verliebten Katzen erfunden oder wenn sie ihre eigene Kinderzeitung[5] hergestellt haben.

Heute meinen wir mehr denn je, daß wir vor ca. 20 Jahren auf einen modernen kindzentrierten Ansatz auch für Kindertageseinrichtungen gestoßen sind.

Es ist daher auch kein Zufall, daß dieses Buch gerade heute erscheint. Die Kinderbetreuungslandschaft ist in Bewegung. Gesellschaftliche Um- und Neuorientierungen erfassen die Tageseinrichtungen, und nicht nur in administrativ-organisatorischer Hinsicht. Auch der pädagogische Alltag bleibt von Bedarfs- und Angebotsverschiebungen, von Fragen des gesellschaftlichen Auftrags, Zielsetzung und der Suche nach zukunftsgerechten Erziehungsformen nicht unberührt. Im ausgehenden „Jahrhundert des Kindes" werden vielfältige Versuche unternommen, den Lebensraum Kindertageseinrichtung modernen Anforderungen anzupassen.

Je mehr Kinder in Tageseinrichtungen betreut werden und je länger sie über den Tag und die ganze Kindheit dort verweilen, desto wichtiger wird die Einrichtung als Erfahrungs- und Entwicklungsraum und desto sorgfältiger muß dieser auf die Bedürfnisse der Benutzer – Kinder, Eltern und Erzieherinnen – angepaßt werden. Die Bemühun-

---

1 So lautet der Titel des „ersten" deutschen Films über die Freinet-Pädagogik: Jung/Lindemann 1976

2 Freinet 1979², S. 16

3 Freinet 1980, S. 38

4 Freinet 1980, S. 28

5 „DKM", das „Dreieicher Kinder Magazin", ist eine gänzlich von Kindern hergestellte Zeitschrift, die bisher in 30 Ausgaben und einer Auflage von je 10 Exemplaren erschienen ist, 1,50 DM plus Porto kostet und bei Dennis Vogt, Am Spitzenpfad 34, 63303 Dreieich abonniert werden kann.

gen um die Gestaltung des pädagogischen Alltags haben in der Absicht, der Lebenssituation und den Entwicklungsbedürfnissen der Kinder gerecht zu werden, viele Fragen aufgeworfen und noch nicht alle Antworten darauf gefunden. Die Kindertageseinrichtung als Ort zu gestalten, den man *benutzen* kann, statt dort nur seine Zeit zu verbringen, ist eine lohnende Aufgabe.

Insbesondere der Hort ist durch die Umbrüche und Verschiebungen in der Angebotsstruktur im Schulalter – nicht zuletzt in Ostdeutschland – als Einrichtungsform und in seiner Pädagogik vor eine Bewährungsprobe gestellt. Gerade aus dem Hortbereich kommt aber die Freinet-Pädagogik und damit eine Praxishilfe, die Zukunft hat und auch in anderen Betreuungsformen angewendet werden kann, denn sie eröffnet die Chance zur Neuorientierung im gesamten Bereich der Kindertageseinrichtungen, nicht nur im Hort. Ihre Möglichkeiten sind bei weitem noch nicht ausgeschöpft. Erste Versuche in Kindergärten sind vielversprechend. Wir möchten die Fachkräfte ermutigen, Entwicklungsland zu betreten und mehr Kindorientierung im Lebensraum Kindertageseinrichtung zu wagen. Nicht die Übernahme von „Methoden" ist die Lösung. Das Geheimnis liegt in einer konsequenten Kindorientierung als Haltung und im Mut zum tastenden Dialog mit den Kindern.

Kindzentrierung ist in der pädagogischen Diskussion nicht neu. Sie steht für die vielfältige Suche nach der kindgerechten pädagogischen Haltung. Kindzentrierung grenzt sich ab von der überlieferten, auf Lernziele ausgerichteten Pädagogik, die die Kinderbertreuung bis in die siebziger Jahre bestimmt hatte. Dahinter verbergen sich unterschiedliche Spielarten, unterschiedlich konsequente Ansätze.

Es ist Freinets Verdienst, Kindzentrierung, als die Würdigung und erzieherische *Begleitung der subjektiven Gegenwart* des Kindes *praktisch gelebt* zu haben. Dies scheint uns der Schlüssel für die Lösung vieler Probleme in Kindertageseinrichtungen zu sein.

Wir sind davon überzeugt, daß sich die Pädagogik Freinets als Motor und Bezugsrahmen für die Entwicklung kindzentrierter Tagesbetreuung eignet. Es geht uns nicht um die Glorifizierung eines weiteren Reformpädagogen. Wir wollen die praktische Umsetzung seines konzeptionellen Gedankengutes unterstützen. Wir meinen, daß er es Wert ist, stärker in den pädagogischen Alltag Einzug zu halten. Wir wollen aufmerksam machen auf eine Pädagogik, die größere Beachtung verdient hat, und die geeignet ist, viele Fragen der Kindertagesbetreuung *praktisch* zu lösen.

Dieses Buch ist die erste umfassende Übertragung eines ursprünglich in der Schule entwickelten Konzepts auf das Feld der Kindertageseinrichtungen. Darüber hinaus unternehmen wir den Versuch, Freinets Begrifflichkeit in eine Struktur zu bringen und Bezüge herzustellen, wo dies noch nicht geschehen ist. Manche Begriffe erschließen sich nicht ohne weiteres. Wir befinden uns selbst auf der Suche nach einer stimmigen Einordnung und sehen unseren Vorschlag als Diskussionsbeitrag an.

Auch wir entdecken weiterhin Neues, tasten uns voran und probieren immer noch aus. Ganz im Sinne von Freinet erhoffen wir uns von diesem Buch auch eine eventuelle Vernetzung von Freinet-Pädagoginnen und -Pädagogen aus dem Bereich der Kindertageseinrichtungen und fordern ausdrücklich dazu auf, sich in Arbeitskreisen und Arbeitsgruppen zusammen zu schließen und sich gemeinsam auf den Weg zu machen. Wird dabei unsere Unterstützung gebraucht, helfen wir gerne.

Zwei notwendige Anmerkungen zum Schluß:

Wir benutzen den auch vom Kinder- und Jugendhilfegesetz eingeführten Begriff „Kindertageseinrichtung“ als Sammelbegriff für *alle* Einrichtungsformen, ganztags wie halbtags.

Und schließlich sollten sich auch die wenigen Männer in Kindertageseinrichtungen von der durchweg verwendeten weiblichen Form angesprochen fühlen. Natürlich sind auch sie gemeint, wenn wir von Erzieherinnen sprechen.

*Lothar Klein* *Herbert Vogt*

# 2. Ein 70 Jahre alter Ansatz – passend für Kindertageseinrichtungen von heute?

## *2.1. Pädagoge, Organisator, Sozialpolitiker – Wer war Célestin Freinet?*

Unter Erzieherinnen ist Célestin Freinet ein eher unbekannter Pädagoge. Deshalb, und weil Leben und Pädagogik bei Freinet nicht zu trennen sind, möchten wir ihn an dieser Stelle vorstellen.

Wer er war, aus der Distanz zu beantworten, schreibt Ingrid Dietrich in ihrem 1995 erschienenen Handbuch Freinet-Pädagogik[1], sei nicht einfach:

> *„Volksschullehrer in einem kleinen südfranzösischen Dorf, der gleichzeitig in persönlicher und brieflicher Verbindung mit international bekannten Pädagogen seiner Zeit stand …; in einer kleinen armselig ausgestatteten Dorfschule arbeitender Lehrer und gleichzeitig Initiator einer internationalen Lehrerinnenbewegung; vorwiegend Praktiker, Organisator, Begründer ländlicher Einkaufsgenossenschaften und eines genossenschaftlich geführten Verlagshauses, das die Lehr- und Arbeitsmittel für seine pädagogische Konzeption herstellte und vertrieb, daneben aber auch engagierter pädagogischer Schriftsteller und Theoretiker, der sich trotzig gegen die herrschenden wissenschaftlichen Denkmuster seiner Zeit stellte; Gewerkschaftler sowie Parteimitglied der KPF[2], aber zugleich Individualist und ‚Querdenker', der sich weigerte, seine Lehrerbewegung ‚auf Linie' zu bringen; Kriegsteilnehmer im ersten Weltkrieg, und danach sein Leben lang überzeugter Pazifist und Internationalist."*

Freinet war sein ganzes Leben lang praktizierender Pädagoge – er hat nie aufgehört, selbst zu unterrichten – und ein politisch höchst engagierter Mensch.

Um Freinets Leben richtig verstehen zu können, muß man etwas über seine Familie wissen. Am 15. Oktober 1896 wird Freinet als eines von acht Kindern in dem winzigen Dörfchen Gars in der Provence in eine nicht eben wohlhabende Bauernfamilie hineingeboren. Wie alle

---

[1] Dietrich 1995, S. 13f.

[2] KPF = Kommunistische Partei Frankreichs; Freinet war von 1926 bis 1948 Mitglied.

seine Geschwister hilft auch der kleine Célestin bei der Feldarbeit mit. Vielleicht rührt seine Verbundenheit mit dem natürlichen Leben der Bauern daher. Immer wieder benutzt Freinet später eine blumige Sprache mit Begriffen, die aus dem ländlichen Leben stammen, um pädagogische Sachverhalte zu erklären. Der Weg in ein Studium ist zu dieser Zeit Bauernkindern eigentlich verschlossen. Freinet darf trotzdem studieren. Seine Lehrer schlagen ihn für ein Studium vor. Kurz vor dem ersten Weltkrieg beginnt er als 16jähriger mit dem Lehrerstudium.

Schon 1915, nach knapp zwei Jahren Ausbildung, wird er aber zum Kriegsdienst eingezogen. Vor Verdun zieht er sich 1916 eine schwere Lungenverletzung zu. Vier Jahre verbringt er in verschiedenen Lazaretten und Sanatorien. Mit Naturheilmethoden heilt er sich schließlich soweit selbst, daß er 1920 an der zweiklassigen Dorfschule von Bar-sur-Loup in Südfrankreich eine Lehrerstelle antreten kann. Während dieser vier Jahre liest Freinet viel. Die Pädagogen Rousseau, Pestalozzi, Adolphe Ferrière[3] interessieren ihn ebenso wie die Politiker Marx und Lenin.

Wegen seiner Kriegsverletzung fällt ihm das Sprechen in den stikkigen Schulräumen schwer. Auch, aber nicht nur deshalb, sucht Freinet nach neuen Unterrichtswegen:

> *„Warum und wie bin ich eigentlich zum Begründer dieser Bewegung geworden? ... Als ich 1920 aus dem 1. Weltkrieg zurückkam, war ich nur ein ‚verwundeter Held‘ mit Lungenschuß, geschwächt, außer Atem und nicht in der Lage, mehr als ein paar Minuten in der Klasse zu sprechen ... Wie ein Ertrinkender, der nicht untergehen will, mußte ich ein Mittel finden, um mich über Wasser zu halten.“*[4]

Die frühen 20er Jahre sind für Freinets weiteren Lebensweg äußerst wichtige Jahre. 1922 fährt Freinet nach Hamburg und lernt dort deutsche Pädagogen kennen wie Hermann Lietz, der sich vor allem für Landerziehungsheime engagierte, Paul Geheeb, den Gründer der Odenwaldschule und Peter Petersen, dessen „Jena-Plan“ das Lernen im traditionellen Klassenverband durch ein mehr selbstgesteuertes Lernen in arbeitenden Gruppen und Projekten ersetzte. Mit Petersen bleibt er später in regem Kontakt. Sie alle gehören einer sehr innovativen und kindorientierten Bewegung von Schulpädagogen im ersten Drittel dieses Jahrhunderts an, die wir heute mit dem Begriff „Reformpädagogik“ bezeichnen.

---

[3] Ein Schweizer Reformpädagoge, der 1920 das für Freinet wichtige Buch „L‘école active“ („Die Tatschule“) veröffentlichte, in der er vor allem die erzieherische Wirkung der Arbeit proklamierte.

[4] Freinet in Jörg 1981, S. 19

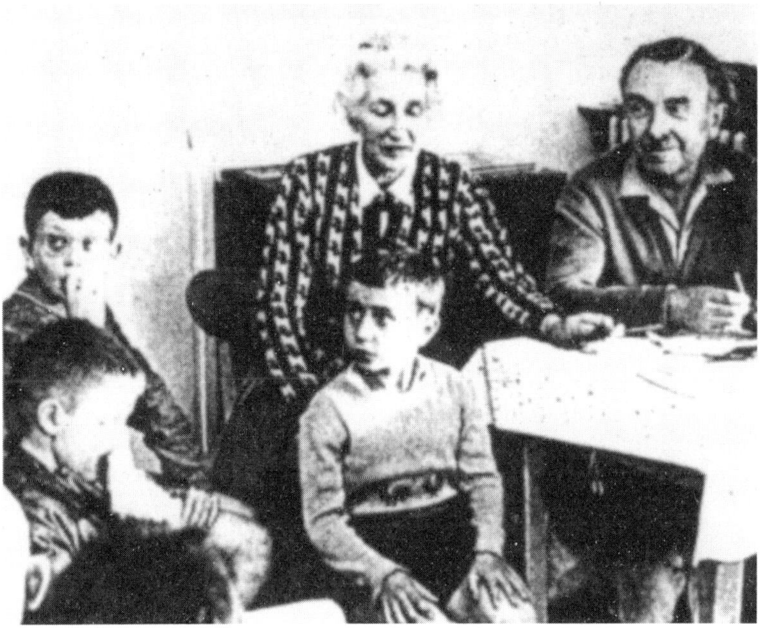

Célestin Freinet und seine Frau Elise

Freinet verbindet zu diesem Zeitpunkt viel mit den linken Reformpädagogen aus Deutschland: das Ziel, die Kluft zwischen Schulbildung und Leben zu überwinden, die Individualisierung des Lernens, die Einbeziehung von Arbeit in den Schulalltag, die Einbeziehung ländlichen Lebens in die Schule, die Mitbestimmung der Schüler, der Ansatz, von den Interessen der Schüler auszugehen.

Anlaß für die Reise nach Hamburg ist übrigens die Verabschiedung des Reichsgrundschulgesetzes von 1920, in dem erstmals das Recht *aller* Kinder auf mindestens vier Jahre Schulbildung festgeschrieben wurde. Die „Volksschule" war entstanden.

Für Freinet ist dies der erste Schritt hin zu seinem obersten politischen Ziel, der „Schule des Volkes". In Deutschland, bei den Initiatoren der Hamburger Schulreform, findet er auch Vorläufer seiner späteren eigenen Techniken und Ansichten: die „Pädagogik vom Kinde aus", den „freien Aufsatz", die „schöpferischen Kräfte des Kindes".

Angeregt von diesen Erlebnissen und aufgrund seiner eigenen praktischen Erfahrung tritt Freinet schon in seinen ersten Unterrichtsjahren in Artikeln für die gewerkschaftliche Lehrerzeitung „Ecole émancipée“ für eine französische „Schule des Volkes“ ein und nimmt von dem abgelegenen Dorf Bar-sur-Loup aus aktiv an den gewerkschaftlichen und politischen Kämpfen der 20er Jahre teil.

In Ablehnung der alten Buch- und Paukschule verlegt Freinet den Nachmittagsunterricht ins Freie. Er führt ein Tagebuch über seine Erfahrungen und Beobachtungen. Darin hält er auch alle Fragen, Beschwerden und Anregungen fest, die von den Kindern geäußert werden. Als Bauernsohn will er *„sich absetzen von der Künstlichkeit, der Lebensferne und dem Zwangscharakter herkömmlicher schulischer Erziehung“*[5] und stellt diesen die sogenannte NATÜRLICHE METHODE entgegen.

1924 kauft sich Freinet die erste Druckpresse für seinen Unterricht.

In den folgenden Jahren entstehen weitere für seinen Unterricht typische Techniken und Materialien. Im und außerhalb des Klassenraums werden Arbeitsateliers für folgende Arbeiten eingerichtet[6]: Feldarbeit und Tierpflege, Schmiede und Schreinerei, Spinnen, Weben, Schneidern, Kochen, Hauswirtschaft, Konstruktion, Mechanik, Handel, Nachschlagekiste, Arbeitsbücherei, Experimentieren, Drucken, Korrespondenz, Künstlerisches Schaffen usw. In ihnen arbeiten die Kinder an selbstgestellten Aufgaben, ihrem persönlichen Rhythmus folgend. Sie können in diesen Ateliers experimentieren, vielfältige Versuche machen, etwas herstellen und sich selbst erproben. Freinets Klasse wandelt sich zu einem Handwerksbetrieb, in dem die vielfältigsten Handwerke zur Anwendung kommen. Später spricht Freinet von „entdeckendem Lernen“ und von „tastenden Versuchen“.

Erstmals dürfen Schüler „FREIE TEXTE“ verfassen, Texte, die an keinerlei Vorgabe gebunden sind und einzig dem Leben der Kinder entspringen. Sie werden zu einem außerordentlich wichtigen Bestandteil des Schullebens. Die Kinder entscheiden, welche gedruckt und an andere Klassen verschickt werden. Die erste „Eigenfibel“ aus freien Texten wird hergestellt. Herkömmliche Schulbücher werden nicht mehr benutzt. Aus den Themen, die in den freien Texten auftauchen, entstehen Interessenskomplexe, vergleichbar mit Projekten, an denen eine Klasse über längere Zeit hinweg arbeitet.

Schließlich wird der Schulalltag demokratisiert. Im KLASSENRAT entscheiden die Kinder selbst über alle Angelegenheiten des Schulalltags. Auch Freinet besitzt im Klassenrat nur eine Stimme. Dem Lehrer ist

---

[5] Dietrich 1995, S. 15

[6] Freinet beschreibt sie im einzelnen in: Freinet 1979², S. 68ff.

wie allen andren Mitgliedern des Klassenrats während dieser Klassenversammlung der „Vorsitzende des Klassenrates" – ein Kind – übergeordnet.

In den zwanziger Jahren entfaltet Freinet sein ganzes organisatorisches Talent. In einem Zeitraum von kaum mehr als 10 Jahren entsteht eine bedeutende Lehrerorganisation, die C.E.L. („Coopérative de l'Enseignement Laic", übersetzt: „Genossenschaft für das unabhängige weltliche Schulwesen").

1923 nimmt Freinet am Weltkongreß des von Ferrière gegründeten „Weltbundes für die Erziehung" in Montreux teil, und im gleichen Jahr besteht er die Prüfung für das höhere Schulwesen, verzichtet aber auf eine entsprechende Stelle in Bignoles und kehrt in seine Dorfschule zurück.

Freinet ist in der Lehrergewerkschaft aktiv, veröffentlicht Aufsätze zu pädagogischen und sozialpolitischen Themen, gründet eine ländliche Ein- und Verkaufsgenossenschaft für die kleinen Landwirte seiner Gegend und tritt auf nationalen und internationalen Kongressen als Redner auf.

Zwischen 1924 und 1926[7] kommt es schließlich zur Gründung der Lehrerkooperative C.E.L. 1927 findet der erste Kongreß in Tours statt. Zu diesem Zeitpunkt arbeiten 41 Lehrer mit Freinet zusammen.

Die Mitglieder der C.E.L. (1928 sind es 93, 1933 schon über 1500) helfen nicht nur bei der Erprobung von Arbeitsmitteln, sie stellen sie auch selbst her, prüfen sie auf ihre Einsatzmöglichkeiten und machen sich dadurch fast vollkommen unabhängig von Schulbüchern und anderen offiziellen Lehrmitteln.

Erst die C.E.L. schafft die materielle Basis der „Bewegung der Modernen Schule". Die Treffen finden jährlich während der Ferien im August statt. Für das schnelle Wachstum der C.E.L. sind neben dem allgemeinen Reformklima der Zeit auch ganz maßgeblich Freinets Engagement sowie die bereits seit 1924/1925 sich immer mehr verbreitenden Korrespondenzen unter Schulklassen verantwortlich. Vor allem für die Schuldruckerei zeigen viele Lehrer Interesse.

1925 besucht Freinet die noch junge Sowjetunion. Beeindruckt von diesem Besuch tritt Freinet der PCF, der kommunistischen Partei Frankreichs, bei. Im gleichen Jahr trifft er auf einem internationalen Kongreß in Brüssel mit Maria Montessori zusammen. Deren grundlegende, vom Kind ausgehende Forderung „Hilf mir, es *selbst* zu tun",

---

[7] In der Literatur werden unterschiedliche Jahre als Gründungsjahr angegeben. Auch bezüglich der „richtigen" Übersetzung des Kürzels C.E.L. ins Deutsche herrscht Uneinigkeit.

wird bestimmend für seine Vorstellung vom pädagogischen Verhältnis zwischen Erwachsenem und Kind.

Dreißig Jahre alt, heiratet er im März 1926 seine Frau Elise, die ebenfalls Lehrerin ist. Drei Jahre später wird ihre Tochter Balouette[8] geboren.

Elise und Célestin Freinet versuchen in den Folgejahren durch regelmäßige Rundschreiben noch engeren Kontakt mit anderen Lehrern zu knüpfen. Freinet sammelt freie Texte, Gedichte, Zeichnungen aus aller Welt, die er in der Schülerzeitschrift „Die Garbe“ veröffentlicht. 1927 korrespondieren bereits ca. 40 Schulen mit Hilfe der Schuldrukkerei miteinander.

Arbeitsergebnisse, Versuchsbeschreibungen, selbstverfaßte Anleitungen und Dokumentationen aus Freinet-Klassen finden Eingang in die nach und nach allen Klassen zugängliche „Bibliothèque de Travail“, die ARBEITSBIBLIOTHEK.

1928 nimmt er eine neue Stelle in St. Paul-de-Vence bei Cannes an. Die folgenden Jahre verbringt das Organisationstalent Freinet nicht nur damit, seine Techniken zu verbessern, zu ergänzen, bekannt zu machen und die dafür notwendige organisatorische Basis zu erweitern, sondern er handelt auch ganz unmittelbar: Mit Hilfe von Schülern und Eltern verbessert er die unerträglichen Zustände in seiner „neuen“ Schule: Räume werden hergerichtet, gestrichen und vom Schimmel befreit. Vor allem für eine einigermaßen benutzbare Latrine setzt sich Freinet ein. Immer wieder ersucht er den Oberbürgermeister um Beseitigung der Mißstände.

1932 bis 1934 kommt es zum sogenannten „Schulkampf“[9]. St. Paul-de Vence ist ein anderer Ort als Bar-sur-Loup. Hier sind die sozialen Unterschiede in der Bevölkerung groß. Freinet, der sich eindeutig auf die Seite seiner aus einfachen Arbeiterfamilien stammenden Kinder stellt und die Abschaffung aller Lehrbücher fordert, ist den Kommunalpolitikern von St. Paul von Anfang an suspekt. Als 1932 anläßlich eines „Internationalen Kongresses der Neuen Erziehung“ in St. Paul-de-Vence ein russischer Pädagoge über die revolutionäre Pädagogik in der Sowjetunion spricht, wird Freinet sogar der Spionage für Rußland bezichtigt.

---

[8] Freinet hat in einem bewegenden Artikel beschrieben, auf welche eigensinnige Weise sein Tochter Balouette zunächst zu kritzeln begann, dann zu zeichnen, zu schreiben und schließlich, nachdem sie bereits richtig schreiben konnte, auch zu lesen: C. Freinet 1994, S. 10ff.

[9] Anschaulich beschrieben von Hans Jörg in Freinet 1979², S. 190ff.

Der letzte Funke, der schließlich zur Beurlaubung Freinets führt und den „Schulkampf" entfacht, sind freie Texte von Schülern, die Freinet hat drucken lassen und, konsequent den Kindern das Wort gebend, nicht zurückziehen will. Hans Jörg hat einen dieser Texte übersetzt:

> *„Die Erstkommunionfeier. Am Sonntag, dem 19. Juni, feierten wir in Saint Paul die feierliche Erstkommunion von 19 Jungen und 16 Mädchen. 12 Kinder waren Zweitkommunikanten. Unser Herr Pastor schenkte jedem von uns einen Butterwecken. Wir zogen singend zur Kirche. Wir haben tüchtig gefeiert. Castelli hat sich dabei betrunken. Einige Männer waren auch betrunken. Zu Hause haben wir guten Kuchen und feine Waffeln gegessen. Geschrieben von den Schülern: Cordara, Castelli und Janinet."*[10]

Im Zusammenhang mit dem Streit um diesen und ähnliche freie Texte gerät schließlich Freinets gesamte Arbeit ins Kreuzfeuer. Der Bürgermeister von St. Paul-de-Vence und einige politisch rechts stehende Bürger versuchen einen Schulstreik gegen Freinet zu organisieren. Schon bald geht es um viel mehr als nur den einen oder anderen freien Text. Kern der Auseinandersetzung ist die Forderung nach einer umfassenden Schulreform. Der Erziehungsminister, Gemeinderäte, Politiker, Professoren für Theologie und Pädagogik, Schriftsteller und schließlich auch die Presse greifen nun aktiv in die Auseinandersetzung ein.

Mit einem Schlag sind Freinets Name und die Bewegung der „Modernen Schule" in ganz Frankreich und weit über seine Grenzen hinaus auch in anderen Ländern bekannt.

Freinet scheidet schließlich 1934 aus dem Schuldienst aus und eröffnet im September 1935 mit einem Erbteil seiner Frau Elise ein Landschulheim in der Nähe von Vence. Unter anderem nimmt er dort elternlos gewordene jüdische Kinder aus Deutschland und vom spanischen Bürgerkrieg betroffene Kinder auf.

Während des zweiten Weltkrieges wird Freinet zweimal wegen seines politischen Engagements interniert und kämpft bis zur Befreiung Ende 1944 in der Resistance. 1944 kehrt er in das inzwischen zerstörte Landschulheim zurück. Bereits 1947 wird die Schule wieder eröffnet.

1948 wird von Mitgliedern der C.E.L. und dem Ehepaar Freinet das I.C.E.M., das „Institut der Kooperativen der Modernen Schule" (*„Institut Coopératif de l'École Moderne"*) gegründet[11]. Die Pädagogik-Kooperative C.E.L. und der neue lockere Lehrerverband

---

[10] ebd. S. 193

[11] bis heute ist I.C.E.M. der offizielle Name der Freinet-Bewegung in Frankreich.

I.C.E.M. sind auf vielfältige Weise miteinander verflochten. Die C.E.L. ist für die kommerzielle Produktion von Arbeitsmitteln und deren Vertrieb zuständig, die I.C.E.M für die fachliche Weiterentwicklung und die Kommunikation zwischen den verschiedenen regionalen Gruppen[12].

In den Jahren 1947 bis 1950 kommt es zu heftigen Angriffen gegenüber Freinet seitens der französischen kommunistischen Partei[13]. Freinet beharrt auf seiner Unabhängigkeit. 1952 erhält er kein neues Mitgliedsbuch.

1961 existieren Arbeitsgruppen der „École Moderne" bereits in etwa 40 Ländern. Es kommt zur Gründung der F.I.M.E.M., der „Internationalen Föderation der Bewegung der Modernen Schule" („*Féderation Internationale du Mouvement de l'École Moderne*"). Von nun an werden in jedem Jahr Kurse und Kongresse veranstaltet, die in die Techniken der Freinet-Pädagogik einführen. Die Kongresse finden immer in unterschiedlichen Ländern statt. 1962 nehmen schließlich auch die ersten deutschen Gruppen am jährlichen Kongreß teil.

Vier Jahre später, am 8. Oktober 1966, stirbt Célestin Freinet in Vence.

Ein „Gesamtwerk" Freinets gibt es nicht. Freinet hat viel geschrieben, aber stets im Kontext aktueller Anforderungen, und wenn ihm sein bewegtes Leben dazu Zeit ließ. Im Mittelpunkt seines Lebens stand immer an erster Stelle die pädagogische Arbeit, dann die Organisierung der Bewegung und schließlich, an dritter Stelle, auch das Publizieren. Viele seiner Schriften sind noch nicht ins Deutsche übersetzt.

Célestin Freinets Lebenswerk kann nicht ohne einen Hinweis auf das Wirken seiner Frau Elise verstanden werden. Elise Freinet war keineswegs „nur" die Gattin eines bedeutenden Pädagogen. Sie hat innerhalb der „Bewegung der Modernen französischen Schule" viele eigenständige Beiträge eingebracht, hat selbst unterrichtet, die Bewegung mitorganisiert und auch eine unabhängige Rolle darin gespielt. Paul Le Bohec, der beide Freinets persönlich kannte, schreibt: „*Elise hat innerhalb der entstehenden Freinet-Bewegung die Bedeutung des* FREIEN AUSDRUCKS *und der Kunst und der Ästhetik betont – und auch verteidigt. Daß wir in dieser Richtung weitergekommen sind, haben*

[12] In der Literatur ist diese Verflechtung meist verwirrend dargestellt. Einen guten und verständlichen Überblick liefert Roland Laun 1983. S. 442ff.

[13] vgl. R. Laun 1983², S. 516f

*wir Elise zu verdanken. Als ich begann, die ‚natürliche Methode' in Mathematik zu unterrichten, hat Elise zu mir gesagt: ‚In diesem Punkt ist Freinet gegen dich. Aber ich bin an deiner Seite.'"*[14]

## 2.2. Man muß ihnen das Wort geben! – Freinets Bild vom Kind

> *„Da wir augenblicklich nicht behaupten dürfen, daß wir die Kinder sowohl methodisch wie wissenschaftlich so führen können, daß jedem von ihnen die ihm persönlich angepaßte Erziehung zuteil wird, begnügen wir uns damit, ihnen ein ihre Interessen förderndes Milieu zu schaffen und ein entsprechendes Arbeitsmaterial und kindgemäße Techniken zu entwickeln, die ihre Bildung fördern, ihnen die Wege ebnen, auf denen sie je nach ihrer Veranlagung, ihren Neigungen und ihren Bedürfnissen weiterschreiten werden."*[15]

Heute lesen wir diese Zeilen so: Erwachsene sollten sich davor hüten, *für* Kinder und *an deren Stelle* Bedürfnisse und Interessen zu formulieren. Kinder kennen ihre Interessen selbst am besten und sind auch in der Lage, sie zum Ausdruck zu bringen. Sie benötigen dafür lediglich einen geeigneten Rahmen. Freinet „begnügte sich" daher mit der Gestaltung einer anregenden, den Kindern gerecht werdenden Entwicklungsumgebung und traute ihnen sehr viel Eigenaktivität im Entwicklungsprozeß zu.

Sein Bild vom Kind kann folgendermaßen beschrieben werden:

- Das Kind kann unter bestimmten Voraussetzungen selbst Gestalter seiner eigenen Entwicklung sein. Es besitzt ausreichend Eigeninitiative und Kompetenzen, um sich tastend und entdeckend selbst zu entwickeln. Es ist dabei auch in der Lage, seinen ganz persönlichen, zu ihm wirklich passenden Rhythmus zu finden. Das Kind erhält dabei die Unterstützung der Erwachsenen, die ihm einen anregungsreichen Entwicklungsraum bereitstellen und ihm dort ermöglichen, *„diesem Drang nachzugehen"*[16].
- Kinder sind in der Lage, eigene Bedürfnisse zu erkennen, auszudrücken und handelnd zu bewältigen. Nicht der Er-

---

[14] Le Bohec in: Hering/Hövel 1996, S. 233
[15] Freinet $1979^2$, S. 16
[16] Freinet 1980, S. 28

wachsene weiß, was für Kinder gut ist, sondern die Kinder selbst. Sie sind stets angefüllt mit Erlebnissen, Erfahrungen und auch Handlungsideen. „*Das Kind ist hungrig nach Leben und Aktivität.*“[17], schreibt Freinet. Und tatsächlich liegt das Problem eher bei dem Erwachsenen, der dem, was Kinder tun, nur schwer zweckfrei gegenüber treten kann. Freinet nimmt das, was Kinder tun, als Ausdruck ihrer augenblicklichen genuinen Bedürfnisse wahr und mäkelt nicht daran herum. Kindern wird erlaubt, im Jetzt und Hier zu sein und darin vor allem die Größe der eigenen Persönlichkeit statt noch vorhandener Defizite zu erleben. Schattenseiten und Mängel entdeckt das Kind sowieso von selbst. In welcher Weise und zu welchem Zeitpunkt ihre Überwindung ansteht, bleibt im Entscheidungsprozeß des Kindes.

- KINDER BESITZEN DIE FÄHIGKEIT ZUR VERANTWORTUNG:

  „*Das Kind, dem man Aktivitäten anbietet, die seinen physischen und psychischen Bedürfnissen entsprechen, ist immer diszipliniert, d. h. es hat weder Regeln, noch äußere Verpflichtungen nötig, um alleine oder in Kooperation mit anderen auch einer anstrengenden Arbeit nachzugehen.*“[18]

  Es ist „*die Verantwortung für die bestmögliche Sinnerfüllung in jeder einzelnen Situation*“[19], die das Kind dann spürt, wenn seine Tätigkeit eigenen Triebfedern entspringt, wenn es nicht von außen gelenkt wird, sondern aus eigenem Antrieb und eigenen Zielen folgend handeln kann. In diesem Punkt nämlich, den Kindern Selbstverantwortung und Autonomie zuzugestehen, unterscheidet sich Freinet vielleicht auch von anderen reformpädagogischen Ansätzen. Gemeint sind etwa die Waldorf- oder die Montessori-Pädagogik, in denen die Erwachsenen sehr viel mehr (und sei es nur durch das von ihnen durchdachte angebotene Material) vorgeben als es Freinet jemals tat.

Freinet hatte also ein sehr modern anmutendes Bild vom Kind. Daß der Entwicklungsprozeß des Menschen überhaupt in Auseinandersetzung mit der Umwelt selbstgesteuert und aktiv betrieben wird, bezweifelt heute ernsthaft niemand mehr. Es gibt heute keine Autorität auf dem Gebiet der Kinderpsychologie mehr, die nicht die Eigenaktivität des Kindes in den Mittelpunkt aller pädagogischen Überlegungen rückt. Wie viele andere Reformpädagogen und Pädagoginnen hat

---

17 ebd.

18 ebd. S. 38

19 P. Teigeler in: Hellmich/Teigeler 1995$^3$, S. 139.

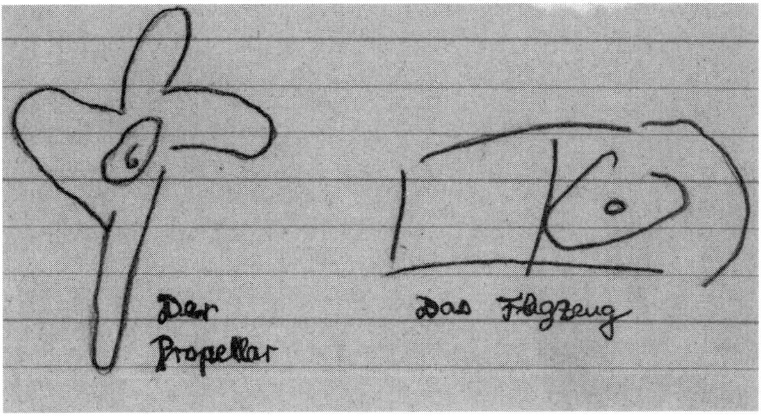


Plan eines 6jährigen Flugzeugbauers

also auch Freinet wesentlichen Anteil an der sogenannten „Kopernikanischen Wende in der Pädagogik“, die ein neues Weltbild mit dem *wirklichen* Kind im Zentrum schafft.

Die Schwierigkeit der Pädagoginnen und Pädagogen liegt vielmehr darin, den Kindern zuzuhören und sie in ihren Äußerungen zu verstehen. Konsequenterweise steht im Zentrum der Freinet-Pädagogik der Anspruch, DEN KINDERN DAS WORT ZU GEBEN. Dieses Versprechen hat Freinet zu jedem Zeitpunkt eingehalten, selbst dann noch, als seine eigene Schullaufbahn im staatlichen Schuldienst auf dem Spiel stand.

Freinets Haltung den Kindern gegenüber war von Respekt und Achtung geprägt. Den Kindern das Recht auf Verschiedenheit und auf Einzigartigkeit zuzusprechen und zu sichern, war eines der wichtigsten Ziele Freinets.

Die Bewegung der „École Moderne“ hat versucht, in ihren pädagogischen Grundsätzen die Rechte der Kinder quasi in deren Vertretung zu formulieren. Sie lauten:

*„1. Die SchülerInnen haben das Recht auf ihren eigenen Lernprozeß, ihre eigene Entwicklung und ihre Individualität …*

*2. Die Verschiedenartigkeit der Lernenden ist eine Bereicherung – ihre ‚Gleichschaltung‘ ist verderblich.*

*3. Die Lernenden haben ein Recht auf ihren eigenen Lernrhythmus.*

*4. Das Lernen soll Freude machen und in Erfolgserlebnisse münden.*

*5. Selektion aufgrund von Konkurrenz und Mißerfolg soll so weit wie möglich abgebaut werden.*

*6. Nicht Übernahme ‚fertiger' Ergebnisse, sondern eigenes Experimentieren und ‚tastendes Versuchen' sind Ziele des Lernprozesses.*

*7. Nicht Indoktrination durch vorgegebene ‚Schulbuch-Weisheiten', sondern eigene kritische Untersuchungen der Wirklichkeit sollen das Denken der SchülerInnen bestimmen.*

*8. Die SchülerInnen sind InitiatorInnen und OrganisatorInnen ihres eigenen Lernprozesses …*

*9. Das Lernen der Klassengruppe soll in gemeinsamer Verantwortung kooperativ organisiert werden.*

*10. Die Selbstregulierung von Konflikten erfolgt im Klassenrat.*"[20]

Walter Hövel, ein deutscher Freinet-Pädagoge, hat, Freinets Bild vom Kind folgend, die Kinder *selbst* zu ihren Rechten befragt und dabei festgestellt, daß Kinder aus ihrem konkreten Leben heraus formulieren und sehr detaillierte Vorstellungen von ihren Rechten besitzen. Die Kinder seiner Klasse proklamierten u. a.[21]:

- Das Recht, abends genauso lange wie die Eltern aufzubleiben,
- nicht angeschrien zu werden,
- Musik auf einer *guten* Anlage zu hören,
- alleine spazieren gehen zu dürfen,
- anzuziehen, was sie wollen,
- etwas Neues zu haben,
- nicht ausgelacht zu werden,
- zu arbeiten,
- alleine etwas zu kaufen,
- mit ihrer Mutter oder ihrem Vater zu schmusen,
- auf Feste zu gehen,
- in die Schule zu gehen,
- Auto zu fahren,
- Angst zu haben und
- jederzeit ihre Meinung sagen zu dürfen.

---

[20] Entnommen bei Dietrich 1995, S. 27

[21] ebd. S. 56 und noch detaillierter in Hövel: Die Rechte der Kinder

## *2.3. Tasten, Forschen, Experimentieren, Entdecken – Freinets Auffassung vom Lernen*

Wie lernen Kinder? Hören wir Freinet: *„Das sind die neuen Erkenntnisse: Das Kind ist hungrig nach Leben und Aktivität. Diesen Drang nutzen wir, indem wir dem Kind die ‚Instrumente' der Unterweisung und der Erziehung selbst in die Hand geben, und indem wir an der Verwirklichung der materiellen und sozialen Voraussetzungen arbeiten, die es dem Kind ermöglichen, diesem Drang nachzugehen."*[22]

Was Freinet schon damals aus Erfahrung wußte, ist heute längst auch wissenschaftlich abgesicherte Gewißheit. Kinder lernen unter Einsatz all ihrer Sinne. Und: Wenn sie nur genügend Anregung dazu haben, lernen sie auch aus eigenem Antrieb. Am besten lernen sie, wenn die *ganze* Person beteiligt ist.

Nach seinem Verständnis be-arbeiten Kinder Dinge und Erfahrungen, bevor sie sie im Geiste ver-arbeiten. Von der Hand in den Kopf ist der Weg.

Eine außerordentlich wichtige Metapher für die Art und Weise des Lernens, wie sie Freinet verstand, ist die NATÜRLICHE METHODE (Méthode naturelle). Das „Natürliche" stellt er dem „künstlichen", lebensfremden, in der Gegenwart sinnlosen und deshalb erst mit Zwang durchsetzbaren Lernen der Buch- und Paukschule gegenüber. Wenn wir diesen Begriff richtig verstehen[23], geht Freinet davon aus, daß für den kindlichen Lernprozeß im Grunde immer schon alles Notwendige im Leben des Kindes vorhanden ist. Es muß nur noch hervorgelockt, geordnet, verfügbar gemacht werden. Dies zu arrangieren, wäre dann die NATÜRLICHE METHODE des Erziehenden.

Darauf aufbauend kann ENTDECKENDES LERNEN oder TASTENDES VERSUCHEN (tâtonnement experimental) zur vollen Entfaltung kommen. Freinet meint, wenn Kinder Lesen, Schreiben, Rechnen, Forschen etc. ebenso wie Sprechen und Laufen an Aufgaben, die ihrem Leben entspringen und insofern „natürlich" sind[24], üben können, dann lernen

---

[22] Freinet 1980, S. 28

[23] Er wird bei Freinet selbst oft mit den Begriffen „Tastendes Versuchen" und „Entdekkendes Lernen" in eins gesetzt.

[24] Wie ein solcher Lernprozeß verlaufen kann, hat Freinet sehr anschaulich am Beispiel seiner eigenen Tochter Balouette (Madelaine) beschrieben: Freinet 1994; Zum Unterschied zwischen „Natürlicher Methode" und den „Tastenden Versuchen" vgl. Paul Le Bohec in FuV Heft 77/96, S. 43ff.

sie aus eigenem Antrieb heraus und einem eigenen Rhythmus folgend, freiwillig und voll Hunger nach Leben und Aktivität.

In einem Dialog zwischen dem Kind selbst, seiner selbstgestellten Aufgabe und der Umwelt tastet es sich voran, experimentiert und versucht, was es erreichen möchte. Es macht dabei unmittelbare, im wahrsten Sinne des Wortes „hautnahe" Erfahrungen mit den Dingen, dem Material, den Werkzeugen, der Umgebung und seinen gegenwärtigen Fähigkeiten. Es erprobt seine Kräfte und Fähigkeiten an der eigensinnigen Beschaffenheit seines Lerngegenstandes. Es folgt dabei einem natürlichen, das heißt, einfach vorhandenen Lerninteresse, einem forschenden Verhalten angesichts einer Fragestellung. *„Es gibt nur eine Art, das wirkliche Wissen … zu erreichen: bescheiden und von Grund auf. D. h., man muß erst experimentell tastend, dann* [mit ansteigendem Alter, die Verf.] *zunehmend methodisch und wissenschaftlich vorangehen."*, schreibt Freinet.[25]

Letztendlich ist Lernen ein Vorgang des (Wieder-) Erfindens:

> *„Das Bedürfnis zu untersuchen, sich mit seiner Umgebung vertraut zu machen, sich – in jeder Hinsicht – zu bereichern und vorwärtszukommen, ist dem Menschen, wie allen Lebewesen, angeboren … Eine der Handlungen, die er angesichts einer Problematik ausprobiert, führt zum Erfolg. Damit hat er eine Entdeckung gemacht; vielleicht haben andere sie schon vor ihm gemacht, aber für ihn ist es trotzdem eine Entdeckung. Er wird seinem Bedürfnis folgen, die gelungene Handlung zu wiederholen, und diese wird sich, wenn sie wirklich gelungen ist, festigen, konsolidieren, und wird sich nach und nach als Lebenstechnik fixieren."*[26]

Das tastende Versuchen muß man sich folgendermaßen vorstellen: Ein Kind steht vor einer (selbstgestellten oder freiwillig übernommenen) Aufgabe oder einem Problem. Es setzt alles daran, dieses Problem zu lösen: seine bisherigen Erfahrungen, sein bereits angehäuftes Wissen, sein Geschick, seine Kreativität und Kompetenz. In dem Augenblick aber, in dem es das Problem gelöst hat, findet wiederum explosionsartig eine Öffnung in die unterschiedlichsten Richtungen statt: *„… denn spontan, fast automatisch, beginnen die Kinder mit dem neuen Objekt (oder der neuen Form, dem neuen Material, der neuen Idee …) zu ‚spielen'."*[27]

Freinet kann sich eine Freude am Lernen *ohne* ständige Entdeckungen nicht vorstellen. Eben die Erweiterung persönlicher Handlungsmöglichkeiten, die sich aus Entdeckungen ergibt, ist es, die reizt,

[25] Freinet 1994, S. 10
[26] Freinet 1975, S. 12; zitiert nach Baillet 1995$^4$, S. 20
[27] Le Bohec in: FuV Heft 77/1996, S. 45

und entscheidend ist: In jeder Entdeckung liegen hunderte weitere verborgen.

Mangelnde Motivation, Passivität, Rückzug oder Destruktivität sind im Verständnis Freinets Ausdrucksformen blockierter Suchbewegungen. In diesem Fall bietet die Umgebung der Kinder (dazu gehören auch die Erwachsenen) zuwenig Möglichkeiten für entdeckendes und tastendes Lernen. Herrscht hingegen eine Kultur des Arbeitens und Forschens, entstehen weder Disziplin- noch Motivationsprobleme.

Man kann aber nur dann etwas entdecken, wenn man etwas tut. Deshalb finden wir wie bei allen wichtigen Vertretern der Reformpädagogik der 20er und 30er Jahre auch bei Freinet die Hinwendung zum selbsttätigen Arbeiten. Was eine Freinetklasse schon auf den ersten Blick ausmacht, ist vor allem ihre Arbeitsatmosphäre.

Freinet unterscheidet zwischen „Travail-jeu", der ARBEIT MIT SPIELCHARAKTER und „Jeu-travail", dem SPIEL MIT ARBEITSCHARAKTER. Als Arbeit mit Spielcharakter sah Freinet alle Ernstsituationen im Alltag und im Leben der Kinder an, etwa den Bau eines Baumhauses oder das Fegen der Straße, den Bau eines Hasenstalls, eines Schwertes oder eines Schiffes, die Reparatur des Fahrrads, das Töpfern einer Tasse, das Stauen eines Baches, das Malen eines Bildes oder den Aushang einer Suchanzeige. In all diesen Tätigkeiten verfolgt das Kind einen bestimmten Zweck.

> *„Schaut den Kindern bei diesen Spielen zu, ihr werdet feststellen, daß sie ganz von ihrer Arbeit gepackt sind, daß sie in einer ihren Bedürfnissen und ihrem Rhythmus angepaßten Eigenwelt leben. Mischen sich jedoch Erwachsene ein, so ist ihr ganzer Zauber zerstört."*[28]

Spiele mit Arbeitscharakter sind alle übrigen spielerischen Betätigungen, bei denen nicht das Endprodukt der Zweck des Handelns ist. Auch diese Spiele, etwa die Rollen- oder Tischspiele, haben aus der Sicht des Kindes durchaus etwas Ernsthaftes an sich und sind im Freinetschen Verständnis daher mit Arbeit verwandt. In diesem Verständnis wollen Kinder auch die dem Spiel innewohnenden Aufgaben und Anforderungen „gut" bewältigen, wenngleich die Tätigkeit auf kein Produkt ausgerichtet ist. Im Rollenspiel sollen die Rollen so gut wie möglich ausgefüllt werden. Beim Spiel mit einem Gegenstand reizt es, diesen ganz zu erfassen.

In unserem Erwachsenendenken und unserem Sprachgebrauch steht der Wert der Arbeit im allgemeinen über dem Wert des Spieles. Sprechen wir also davon, daß Kinder arbeiten, so drücken wir damit

[28] Freinet $1960^2$, S. 139; zitiert nach Freinet $1979^2$, S. 137

auch unseren Respekt gegenüber ihrer Leistung, ihrem Bemühen, ihrem Ideenreichtum, ihrer Kreativität, ihrer Kompetenz, ihrer Tätigkeit überhaupt aus. Selbstverständlich lehnte Freinet jede Form der Ausbeutung von Kinderarbeit ab. Auch wenn Freinet selbst zuweilen Spiel und Arbeit gegeneinander gesetzt hat[29], darf man den Freinetschen Begriff der Arbeit getrost mit positiven Gefühlen besetzen.

Wenn Kinder forschen, tasten, entdecken, versuchen, fragen und Lösungen finden, erfahren sie auf diesem Weg nicht nur etwas über ihren Lerngegenstand, sondern auch über sich selbst. Sie entdecken, was sie *schon* können, gleichzeitig auch, was sie *noch* nicht beherrschen. Weil sie lernen, *wie* man forscht und experimentiert, suchen sie auch bei Mißerfolgen von selbst nach neuen Lösungswegen und setzen dabei bereits erworbene Kenntnisse und Fähigkeiten ein. Sie lernen das Lernen! Sie lernen, sich an ihren Erfolgserlebnissen, nicht an ihren Defiziten zu orientieren. Demzufolge werden bei Freinet nicht die Fehler bewertet, sondern die Erfolge – und zwar in der Regel von den Kindern selbst. Freinet-Pädagogik ist in diesem Sinne auch eine PÄDAGOGIK DES ERFOLGS. Der Erfolg, sei er auch noch so klein, wird beachtet. Der Mißerfolg schließt erfolgreiche Bemühungen mit ein, auf denen das Kind weiter aufbauen kann.

Das Lernen ist bei Freinet selbstbestimmt gestaltet. SELBSTBESTIMMTES LERNEN bedeutet, daß konsequent bei den Interessen und Bedürfnissen der Kinder angesetzt wird. Mit Hilfe des FREIEN AUSDRUCKS und der FREIEN TEXTE lassen sich nicht nur alle Arbeitsmaterialien für die Kinder so gestalten, daß sie ihr wirkliches Leben widerspiegeln. Eine wichtige Bedeutung haben auch die sogenannten INTERESSENSKOMPLEXE (*Complexe d'intérêts);* heute würde man dafür Begriffe wie „Projekt „ oder „Situation“ benutzen. Es sind Themen, die aus dem Leben der Kinder kommend von der Klasse aufgegriffen und bearbeitet werden. Selbstbestimmtes Lernen wird aber auch dadurch erreicht, daß nicht alle gleichzeitig das Gleiche tun. Die Wochenpläne der Freinetklassen sind individuelle Wochenpläne.

---

[29] So schreibt er etwa: „Es gibt beim Kind von Natur aus kein Spielbedürfnis. Es gibt nur ein Arbeitsbedürfnis.“ Zitiert nach Freinet 1980, S. 87

## *2.4. Strukturen, Entwicklungsmilieu, Arbeitsmittel und Techniken – Freinets pädagogische Praxis*

Freinets besondere Leistung stellt sicherlich die Verbindung der großen pädagogischen Perspektive mit den praktischen Erfordernissen des Alltags dar. Darin sah er die eigentliche pädagogische Herausforderung. Ihm ging es darum, den realen Schulalltag so zu gestalten, daß entdeckendes, selbstbestimmtes und kooperatives Lernen tatsächlich möglich wird. Dazu waren radikale Änderungen notwendig:

- Der Stundenrhythmus mußte abgeschafft werden. Der Tag wurde wieder zur ungeteilten Einheit.
- Der Frontalunterricht mußte abgeschafft werden. Lernen wurde differenziert und parallel an verschiedenen Arbeitsplätzen und mit verschiedenen Methoden und Arbeitsweisen gleichzeitig organisiert.
- Die Räumlichkeiten der Klasse mußten sich grundlegend verändern. Hinzu kamen die Arbeitsateliers. Eine Freinetklasse gleicht insgesamt eher einer reich gegliederten und gut ausgestatteten Produktionsstätte oder einem Forschungslabor als einer Schulklasse im herkömmlichen Verständnis.
- Fertige Schulbücher und Lehrmaterialien durften nicht mehr benutzt werden. Sie wurden durch unzählige, von der Bewegung der „École Moderne" selbst hergestellte und aus den Interessenskomplexen der Kinder hervorgegangene Arbeitsmittel ersetzt.
- Die Rolle des Lehrers mußte sich quasi umkehren. Nicht mehr so sehr sein Wissensvorsprung war gefragt, sondern sein Organisationstalent. Der Lehrer hörte auf, die Kinder etwas zu lehren. Antworten auf Fragen werden vom Lehrer nicht mehr gegeben, sie werden erarbeitet. Der Lehrer organisiert diesen individuellen Lernprozeß. Nicht mehr er steht im Mittelpunkt der Klasse, sondern die selbsttätige Arbeit der Kinder. Auch ganz räumlich gesehen ist das so.

Das Milieu

Freinet ging zwar davon aus, daß in allen Kindern genügend Lernmotivation vorhanden ist. Er war sich aber auch darüber im klaren, daß für selbstbestimmtes Lernen eine besondere Lernumgebung Voraussetzung ist: das die Interessen der Kinder fördernde Milieu.

*„Es geht darum, unser ganzes Erziehungssystem von der materiellen Basis her umzugestalten ... Niemals werden wir sagen: ‚Wendet die Methode der freien Textgestaltung an', sondern: ‚Beschaffen Sie sich das Material einer Schuldruckerei ...' Wir werden nicht sagen: ‚Machen Sie interessante naturwissenschaftliche Versuche auf der Basis von Experiment und Beweis', sondern: ‚Bauen Sie Ihre Ateliers zu Forschungswerkstätten aus ..., besorgen Sie sich das unentbehrliche Arbeitsmaterial, mit dem die Kinder selbst Versuche machen können.'"*[30]

Zu einer solchen Lern- und Entwicklungsumgebung gehören die verschiedensten Arbeitsmittel und Werkzeuge und das notwendige Material, mit dessen Hilfe die Kinder *ihre eigenen Vorhaben* in die Tat umsetzen. Diese Umgebung begünstigt das eigene Experimentieren und Versuchen. Sie ist gekennzeichnet durch Alltagsnähe und durch die Nähe zur Lebensrealität der Kinder. In ihr finden sich alle Voraussetzungen, sich handelnd mit der eigenen Lebenswirklichkeit auseinanderzusetzen. Daß es sich dabei tatsächlich um die *eigene* Lebenssituation handeln muß, ist für Freinet unabdingbare Voraussetzung. Es ist eben vor allem das tote Wissen der Schulbücher, gegen das sich die Freinet-Pädagogik mit ihren Methoden und Arbeitsweisen wendet.

Auch Freiheit braucht einen Rahmen, der die unterschiedlichen Interessen der Gruppenmitglieder gegen- und miteinander ausbalanciert. Freiheit und Verantwortung setzen einander voraus und sind abhängig voneinander. Freinet führte auch auf diesem Gebiet für die Schule revolutionierende Neuerungen ein. Über vielfältige Formen von Mitsprache, allesamt äußerst kindgerecht und nicht einfach der Erwachsenenwelt entlehnt, konnten die Kinder weite Teile ihres Schulalltags selbst regeln. Daß der Lehrer nur eine Stimme unter vielleicht 20–30 Schülern hatte, mußte bei traditionellen Lehrern große Angst vor Autoritätsverlusten hervorrufen.

Eine Freinetklasse ist demnach „meisterhaft strukturiert"[31]. Das Lernmilieu unterliegt einem ständigen Wandel durch die Aktivitäten der Kinder. Niemals ist ein „Endzustand" erreicht. Dabei muß alles jederzeit wieder auffindbar, immer auch in einem benutzbaren Zustand und frei zugänglich sein. Bei der Fülle der Materialien und Arbeitshilfen ist das wahrlich eine große organisatorische Leistung. Erschwerend kommt hinzu, daß Kinder bekanntermaßen einen anderen Ordnungssinn haben als Erwachsene. Ein großer Teil der Zeit muß in einer Freinetklasse daher für die Aufrechterhaltung und (Neu-) Gestaltung der Lernumgebung aufgebracht werden.

---

30 Freinet 1980, S. 37

31 Freinet 1980, S. 40

Freinet, selbst Bauernsohn, sah vor allem auch in der Natur eine reichhaltige Lernumgebung:

*„Die Natur ist immer das reichste Milieu … Es darf keine …Schule ohne eine naturnahe Umgebung geben.“*[32]

DIE SCHULDRUCKEREI (*imprimerie à l'école*)
Bekannt ist vor allem die Schuldruckerei. Sie war in den Anfängen der Freinet-Pädagogik das erste und auch wichtigste neu entdeckte Arbeitsmittel. Mit ihrer Hilfe lernen die Kinder nicht nur das Schreiben. Sie verfassen vor allem damit die freien Texte und organisieren die Schulkorrespondenz. Druckerei und Korrespondenz dienen vor allem dem freien Ausdruck.

FREIE TEXTE (*texte libre*) / FREIER AUSDRUCK
Freie Texte werden regelmäßig geschrieben. Aber sie werden geschrieben, wann und wo das Kind es wünscht. In vielen Klassen besitzen die Kinder dafür ein gesondertes Heft. Weder für den Inhalt noch für die Form gibt es irgendeine Vorgabe oder Einschränkung. Die Lehrer geben keinerlei wertende Kommentare ab. Die Kinder schreiben und zeichnen wirklich das, was *sie* wollen. Auch die Auswahl des Materials, auf dem der freie Text verfaßt wird, erfolgt alleine durch das Kind. Freie Texte sind, wenn das Kind es zuläßt, Anlaß für einen Dialog. Wer einen freien Text verfaßt hat, kann ihn der Klasse vorstellen. Es kommt zum Gespräch, und vielleicht entscheidet sich die Klasse dafür, den Text zu drucken. In diesem Fall wird der Text mit Hilfe der anderen Kinder und des Lehrers auf grammatikalische und orthographische Fehler hin untersucht. Die letzte Entscheidung bleibt aber dennoch bei dem Kind, das den Text geschrieben hat.

So kommt es, daß, um ein Beispiel anzuführen, der folgende Text *nicht* geändert wurde:

„DIE GESCHICHTE VOM THOMAS
*Es war einmal ein kleiner Thomas. Er war so klein wie ein Ei. Er war wütend wie ein Stier, weil er so klein war. Bald wurde er größer. Und darauf war er ein Herz und das hat er LIEB genommen.“*[33]

Im Gespräch über den Text machte der Lehrer u. a. den Vorschlag, den Ausdruck *„lieb genommen“* durch *„lieb gewonnen“* zu ersetzen. Thomas ließ sich davon aber nicht überzeugen.

Freie Texte sind außerordentlich aufschlußreich. In ihnen spiegeln

[32] Freinet 1979², S. 32.
[33] Zülch 1981, S. 136.

sich die ganze Erfahrungswelt des jeweiligen Kindes, seine Gefühle, Erlebnisse und Gedanken. Sie helfen auf diese Weise den Erwachsenen, das Kind zu verstehen. Es kann sich über die Texte ausdrücken. Inzwischen weiß man, daß freie Texte auch therapeutische Wirkung haben können.[34]

KLASSENKORRESPONDENZ (*correspondance*)

Entscheidet sich die Klasse für ihren Druck, finden freie Texte Eingang in die KLASSENZEITUNG (*journal scolaire*), in der auch Bilder, Untersuchungsergebnisse, Gruppentexte, Photos über das Leben der Klasse, Spiel- und Versuchsanleitungen etc. erscheinen. Manches davon wird auch verschickt. Jede Freinetklasse hat Kontakte zu anderen Klassen, manche sogar zu Klassen in fernen Ländern. Mit diesen Klassen führen sie eine rege Korrespondenz, die Klassenkorrespondenz. Auch hier ein Beispiel[35]: Freinets Klasse aus Bar-sur-Loup schickte folgenden Text an eine Klasse in Guiffes-Navines:

> „DIE SCHNECKEN
> *Wenn es regnet, treten die Schnecken ans Tageslicht. Wir gehen weg mit einem Korb oder einem kleinen Eimer, um sie aufzulesen. Wir lassen sie einige Zeit in einem zugedeckten Kessel fasten. Unsere Mutti wäscht sie mit gesalzenem und mit Essig versehenen Wasser. Dann kocht sie sie mit einer Sauce aus Knoblauch und Petersilie oder wir essen sie mit Aioli. Wir essen sie auch gern, wenn sie in der Glut gebraten werden.*"

Die Antwort aus Guiffes-Navines lautete:

> „LIEBE FREUNDE VON BAR-SUR-LOUP
> *Ihr sagt, daß ihr Schnecken eßt. Nur drei oder vier Schüler haben es schon probiert. Wir schneiden Grimassen, wenn wir eure Lektüre lesen: ‚Pfui Teufel!', sagen wir mit angeekelten Minen. Wir haben die Schnecken nicht gern, sie sind dreckig und schleimig. Wenn jemand uns daran gewöhnt hätte, Schnecken zu essen, dann würden wir sie vielleicht gern mögen. Was ist Aioli?*"

Inzwischen benutzen Freinetklassen eine Vielzahl weiterer Verfahren und Geräte, mit deren Hilfe sie sich ausdrücken und die Korrespondenz organisieren. Sie benutzen Computer und Fax und senden Botschaften über Internet[36] in alle Welt. Es gibt individuelle und gemeinsame Lebens- und Tagebücher schon vom ersten Tag der ersten Klasse an. Im „Buch der Kleinen" werden die Texte von Kindern gesammelt,

[34] Vgl. Le Bohec / Guillou 1983
[35] Zülch 1981, S. 19
[36] sehr anschaulich beschrieben von Burkhard Fries in Dietrich 1995, S. 82 ff.

die eigentlich noch gar nicht schreiben können. Zuweilen sind die Texte vom Lehrer neu und groß aufgeschrieben. Texte werden durch Bilder ergänzt.

Zum Freien Ausdruck gehören auch Theater und Film.

Als letztes seien hier auch die Arbeitsmaterialien genannt, die die Kinder für sich und andere herstellen. Ihre Ideen und Versuche finden Eingang in Arbeitskarteien und Arbeitsbücher, in Projektabläufe und Arbeitsdokumente. So wird gewährleistet, daß das Lern- und Arbeitsmaterial dem Leben der Kinder nah ist. Karteien, Bücher und Dokumente werden von den Kooperativen vertrieben, in Frankreich noch heute von der C.E.L., in Deutschland von der Pädagogik Kooperative in Bremen[37].

KLASSENRAT (*conseil, réunion de cooperative*)

Ein weiteres wichtiges Mittel, um Kindern das Wort zu geben, war bei Freinet der Klassenrat, eine Art Klassenkonferenz. Auf einer WANDZEITUNG (*journal mural*) werden Punkte gesammelt, die dann besprochen und beschlossen werden. Der Lehrer hat im Klassenrat nur eine Stimme. Er darf nur reden, wenn die Kinder *ihm* das Wort geben!

Klassenkonferenzen sind heute in unterschiedlichen Formen zu finden. Immer aber sind sie fest im Schulalltag verankert. In manchen Klassen sind sie als Morgenkreis sogar täglicher Bestandteil des Schullebens. In den Klassenversammlungen werden nicht nur Konflikte gelöst, hier werden auch Vorschläge zur Verbesserung der Arbeit gemacht: Sie beschließen die Verteilung von Verantwortlichkeiten (den Klassenämtern), den Wochenplan, Unterrichtsziele und notwendige Arbeiten.

Den Klassenrat leiten die Kinder in eigener Regie. Es gibt „Präsidenten", „Klassensprecher", „Protokollanten" und „Schriftführer". Bei Freinet selbst war der Samstagnachmittag der Klassenversammlung vorbehalten.[38]

KLASSENÄMTER

Benutzt der Lehrer eine Klassenversammlung nicht als verlängerten Arm für die Durchsetzung seiner eigenen Vorhaben, und gibt er den Kindern wirklich das Wort, entsteht durch sie eine Atmosphäre der Kooperation und der Verantwortlichkeit.

---

[37] Die Anschrift findet sich im Anhang.

[38] Den Ablauf einer Klassenversammlung bei Freinet beschreibt er selbst in: Freinet 1979², S. 75 ff.

Die folgende Auflistung von Klassenämtern und Aufgaben[39] zeigt, wie breit sich die Verantwortlichkeiten auffächern können: Präsident und Präsidentin, Datum, Kontrolle des Wochenplans, Bringen und Holen, Verteilen, Kakao und Milch, Taschen, Tafel, Fensterbänke und Regale, Boden, Drucken, Stühle, Bücherei, Müll, Waschbecken, Ateliers, Tische, Schreibkonferenz (bei zwei SchülerInnen kann man seine freien Texte vorlesen, besprechen und verbessern), Rechenbüro (wie die Schreibkonferenz organisiert), Garten, Verantwortliche für die Einhaltung der Dienste, Sammlung von Naturmaterialien, Wände (Immer wieder lösen sich Klebstreifen von den Wänden ...), Finanzen, Gong (wenn es zu laut werden sollte), Wetter und Sitzecke.

Lernen und Leben in einer Freinetklasse setzt eine wohldurchdachte Organisation voraus und Strukturen, die selbstbestimmtes und kooperatives Lernen ermöglichen und fördern.

Wochenplan (*plan de travail*)
Die wöchentlichen Arbeiten und individuellen Lernvorhaben werden mit dem Wochenplan organisiert. Hat der Klassenrat sich beispielsweise für die Durchführung eines Projektes entschieden, erhält dieses Projekt seinen Ort im Wochenplan. Auch individuelle Arbeitsvorhaben sind dort aufgelistet. In der Regel existieren mehrere Pläne gleichzeitig: Wochen- und Jahrespläne, Pläne für bestimmte Fächer oder Aktivitäten. Hier ist das Feld weit gestreut. Ebenso verhält es sich mit der Benotung und Bewertung der Arbeit. Freinet benutzte detaillierte Leistungskurven.[40] Entscheidend ist, daß sich die Schüler selbst benoten und der Lehrer dies nur bestätigt oder zur nochmaligen Entscheidung zurückgibt. Ergänzt wird die Leistungsbeurteilung in einzelnen Bereichen durch die „Brevets“, die *Fähigkeits*bescheinigungen. Für ein Brevet legen Schüler „Gesellen-“ und „Meisterprüfungen“ ab. Sie melden sich dafür selbst an. Zur Erlangung eines Brevet muß der Schüler
- ein selbstgefertigtes Meisterstück herstellen,
- einen kleinen theoretischen Vortrag halten,
- eine praktische Aufgabe unmittelbar lösen.

Weiteres Arbeitsmaterial
Selbständiges forschendes Lernen setzt ein reichhaltiges und anregendes Arbeitsmaterial voraus. In Freinetklassen finden sich:
- verschiedene Produktions- und Werkstätten (*ateliers*),

[39] Walter Hövel in: Dietrich 1995, S. 68f.
[40] siehe Freinet 1979$^2$, S. 206ff.

- die DOKUMENTENSAMMLUNG (*documentation*), eine Sammlung von verschiedenartigsten Informationen, die laufend von Schülern und Lehrern ergänzt und erneuert wird,
- die ARBEITSKARTEI (*fiche de travail*), eine Sammlung von Arbeitsvorhaben, die sich auf einzelnen Karteikarten befinden und sämtlich mit Fehlerkontrollen ausgestattet sind,
- ARBEITSHEFTE (*livrets de travail*), zur individuellen Schülerarbeit bestimmte Hefte, die die Bearbeitung von Themenkomplexen zum Thema haben,
- die ARBEITSBIBLIOTHEK (*bibliothèque de travail*), eine Sammlung von Sachheften, die in Frankreich mittlerweile über 1000 Themen abdeckt und
- natürlich das für Versuche und den freien Ausdruck notwendige WERKZEUG UND MATERIAL.

## 2.5. Unterstützen und begleiten – Die Rolle der Erwachsenen in der Freinet-Pädagogik

> *„In der traditionellen Schule unterweist der Lehrer die Schüler, manchmal versucht er auch, sie zu erziehen. Wir sagen: Das Kind muß sich selbst erziehen, sich selbst bilden, mit der Hilfe der Erwachsenen. Wir versetzen die Achse der Erziehung: im Zentrum der Schule steht nicht mehr der Lehrer, sondern das Kind. Es geht nicht mehr um die Vorlieben und die Bequemlichkeit des Lehrers: das Leben des Kindes, seine Bedürfnisse, seine Möglichkeiten sind der Angelpunkt unserer Erziehung."*[41]

Alle Techniken zusammengenommen machen noch lange nicht die Freinet-Pädagogik aus. Erst die Übernahme einer Haltung, die das pädagogische Verhältnis vom jeweils einzelnen Kinde aus gestaltet, garantiert, daß Arbeitsmittel, Techniken und Methoden nicht nur den Arm des Erwachsenen verlängern, sondern wirklich zu Autonomie und Selbstverantwortung auf seiten der Kinder führen.

Eine wesentliche Grundlage in diesem Verhältnis ist die mit dem Alter zunehmende Wahlfreiheit auf seiten der Kinder. Erwachsene können Kindern bestimmte Wege weisen. Ziel ist aber, die Kinder darin zu unterstützen, selbst zwischen den Möglichkeiten zu wählen und sich schließ-

[41] Freinet 1980, S. 25 ff.

lich zu entscheiden, ob sie dies oder jenes ausprobieren möchten. Die Ziele und Vorstellungen der Erwachsenen fließen zwar in das pädagogische Verhältnis ein, das Kind aber kann – seinem jeweiligen Entwicklungsstand entsprechend – die freie Wahl zwischen den Möglichkeiten treffen. Es darf Erwachsene und ihre Vorschläge durchaus abweisen.

Wie weitgehend Erwachsene sich in der Freinet-Pädagogik zurücknehmen, umschreibt treffend der § 2 der 1968 verabschiedeten „Charta“ der École Moderne:

> „*Wir maßen uns nicht an, im voraus definieren zu können, was aus dem Kind wird, das wir erziehen; wir bereiten es nicht darauf vor, der Welt von heute zu dienen und sie fortzusetzen, sondern die Gesellschaft aufzubauen, die seine Entfaltung am besten sichert. Wir lehnen es ab, seinem Geist irgendeine unfehlbare und vorher festgelegte Lehre aufzuzwingen.*“[42]

Lassen wir dazu noch einen Freinet-Lehrer zu Wort kommen:

> „*Das Auswerten* [das Bewerten, die Verf.] *ist meines Erachtens die Kinderkrankheit der Freinet-Bewegung. Wenn der Lehrer fürchtet, sein Programm nicht durchzukriegen, wenn er Angst hat, daß er die Situation nicht genug ausschöpfen kann, um die Fragen möglichst tief zu behandeln, dann stürzt er sich auf jeden Gedankenfetzen. Und die Dinge können sich nicht mehr harmonisch entwickeln ... Empfindliche Vorgänge werden so zerstört, Schritte werden zum Stehen gebracht.*“[43]

Die vordringliche Aufgabe des Erwachsenen liegt also darin, den Kindern die Möglichkeit zu tastenden Versuchen und entdeckendem Lernen zu schaffen.

Eine forschende Lernhaltung entsteht nur in anregungsreicher Umgebung. Für dieses „*Milieu*“ ist der Erwachsene zuständig. Dazu bedarf es zuweilen unkonventioneller Vorgehensweisen, wie das folgende Beispiel zeigt. Hier hat sich ein Lehrer „*nachmittags über eine Stunde in den Keller (gestellt), um einen Setzrahmen zusammenzunieten für ein einziges Wort: KÜSST.*“[44] Der Anlaß: Ein Mädchen hatte einen freien Text geschrieben und wollte dieses eine Wort in einer Größe drucken, in der in der Klasse kein Setzrahmen vorhanden war. Der Text lautete: „*Es waren einmal ein Pferd und ein Fohlen. Das Fohlen trinkt von der Mutter. Dann KÜSST die Mutter das Fohlen.*“

Ansonsten gilt: daß der Erwachsene jeweils erst konkret herausfinden muß, wo und ob er *überhaupt* gebraucht wird.

---

[42] zitiert nach Dietrich 1995, S. 293
[43] Le Bohec in FuV 77, S. 49
[44] Peter Moschnitschka in: Zülch 1981, S. 135

**Es waren einmal ein Pferd**

**und ein Fohlen.**

**Das Fohlen trinkt von der Mutter.**

**Dann**

**KÜẞT**

**die Mutter das Fohlen.**

aus: Zülch, Martin 1981, S. 135

Im Dialog mit den Kindern tastet er sich dabei vor und läßt den Kindern Raum und Zeit, sich auszudrücken und mitzuteilen.

Fragt ein Freinet-Lehrer ein Kind um Rat, so tut er dies, weil er ernsthaft daran glaubt, daß das Kind einen Rat weiß.

Er weiß, daß Kinder ihr Zusammenleben selbst regeln können und meistens auch die besten Regeln (er)finden. Ein Beispiel: zwei Regeln aus einer Klassenversammlung: „Zuhören, nur einer redet." Weil das aber manchmal ganz schwer ist, gibt es für den Fall, daß das nicht eingehalten wird, eine Ersatzregel: „Wenn ich nicht mehr zuhören kann, sage ich es."

Erwachsene sind darauf angewiesen, Kindern zuzuhören, um sie richtig zu verstehen.

*„Verliert das Kind jemals die Lust, sein ganzes inneres Wesen durch Sprache mitzuteilen? Wird es je müde, sich durch Zeichnungen auszudrücken, solange es frei malen kann?"*[45]

Diese Fragen stellte Freinet im Zusammenhang mit der Einführung der Schuldruckerei und der „Freien Texte" schon 1929.

[45] Freinet 1980, S. 31

Freinet-Pädagogen sind aufmerksame Zuhörer.

Freinet-Pädagogen schauen aber dem „Selbstlauf" der Dinge bzw. der Entfaltung der schöpferischen Kräfte der Kinder nicht nur einfach zu. Mit Hilfe des freien Ausdrucks organisierte Freinet vielmehr einen ständigen Dialog unter den Kindern sowie zwischen ihnen und den Erwachsenen, einen auf Anerkennung und Respekt beruhender Dialog, in den Erwachsene ihre ganze Verantwortung, ihre Erfahrung und auch ihre Wert- und Zielvorstellungen einbringen. Grundlegend ist allerdings, daß die Kinder dennoch frei entscheiden können, ob sie diese Modelle oder Vorschläge im Moment für sich annehmen oder nicht.

In einem Film über die Freinet-Pädagogik[46] antwortet der Lehrer Maurice Mess auf die besorgte Frage eines Vaters, was denn wäre, wenn ein Kind niemals Mathematik lernen möchte, daß es das gar nicht gäbe, daß es aber sein könne, daß ein Kind sich auch über längere Zeiträume nicht der Mathematik zuwenden würde, solange, bis es aus eigenem Antrieb damit begänne. Kein Kind aber wolle niemals Mathematik lernen!

Natürlich sorgt der Lehrer auch dafür, daß die Sicherheit der Kinder gewährleistet ist.

Eine auf diese Weise organisierte Schule ist eine *„meisterhaft geordnete"*[47] Schule, in der Kooperation und Arbeit im Mittelpunkt stehen. In einer solchen Schule ist es nicht notwendig, von außen her, etwa durch die Autorität des Erwachsenen, zu reglementieren oder zu disziplinieren:

> *„Das Kind, dem man Aktivitäten anbietet, die seinem physischen und psychischen Bedürfnissen entsprechen, ist immer diszipliniert, d. h., es hat weder Regeln, noch äußere Verpflichtungen nötig, um alleine oder in Kooperation mit anderen auch einer anstrengenden Arbeit nachzugehen … Wo nicht die freie Aktivität zum Grundprinzip jeglicher Organisation der Klasse gemacht wird, da bedarf es einer besonderen Disziplin. Sie hat die Funktion, das Kind zu etwas zu zwingen, was es nicht tun will und gleichzeitig das zu unterdrücken, was es gerne täte … Uns stellt sich das Disziplinproblem so: das Kind, das an einer Aktivität teil hat, die es fesselt, ‚diszipliniert' sich automatisch selbst."*[48]

Und schließlich geht von dieser Art des Zusammenspiels zwischen Lehrern und Schülern eine gewisse Entlastung für den Lehrer aus.

---

[46] W. Jung: Die Pädagogik des Célestin Freinet. SFB 1976, VHS, 44 Min., auszuleihen bei der Pädagogik-Kooperative Bremen

[47] Freinet 1979², S. 17

[48] Freinet in Hering/Hövel 1996, S. 279 ff.

Hier ist er nicht mehr für alles alleine verantwortlich. Für einen sehr großen Teil des Schullebens übernehmen die Kinder Verantwortung. Er steht auch nicht mehr so absolut im Zentrum wie im Frontalunterricht. Wer sich im Mittelpunkt befindet, sieht sich auch ständig allen Blicken ausgesetzt. So jemand darf keine Fehler machen.

## 2.6. *Aus der Praxis für die Praxis – Die Kooperation der Erziehenden*

Freinet-Pädagogik unterscheidet sich von anderen Ansätzen und Richtungen auch deutlich in der konsequent basisdemokratischen Einstellung der Erziehenden. Die Kongresse des französischen Lehrerverbandes I.C.E.M. und der internationalen Vereinigung F.I.M.E.M. sind mehr oder weniger selbstorganisierte Treffen.

In der Charta des I.C.E.M. heißt es:

*„7. Die Erzieher des I.C.E.M. sind allein für die Ausrichtung und Auswertung ihrer gemeinsamen Bemühungen verantwortlich. Allein die Erfordernisse der Arbeit und keine anderen Erwägungen bestimmen die Verteilung der verantwortlichen Posten unter uns Genossen. Wir bringen dem Leben unserer Genossenschaft großes Interesse entgegen, denn sie ist unser Zuhause, unsere Werkstatt, die wir mit unseren Mitteln, unseren Bemühungen und unseren Ideen erhalten müssen …“*[49]

Die deutsche Freinetbewegung ist ähnlich organisiert: Für den Vertrieb ist die Pädagogik-Kooperative e.V. in Bremen zuständig[50], für die inhaltliche Weiterentwicklung und den Erfahrungsaustausch sind es die Freinet-Pädagogen selbst. Was richtige oder falsche Freinet-Pädagogik ist, legt niemand fest. Die Mitglieder der deutschen Freinetbewegung treffen sich auf jährlichen Regional- und Bundestreffen, die *„nicht von Experten, sondern jedesmal erneut von einer in diesem Bereich unerfahrenen Gruppe organisiert werden.“*[51] Die Redaktion der Zeitschrift *„Fragen und Versuche“* wechselt jährlich, auch der Vorstand der Pädagogik-Kooperative rotiert.

Wenn man als Nicht-Lehrer an Treffen der deutschen Freinet-Be-

[49] Dietrich 1995, S. 294.

[50] Ihr kann man auch als Einzelperson beitreten.

[51] So heißt es in der Selbstdarstellung der Pädagogik-Kooperative in: Dietrich 1995, S. 299.

wegung teilnimmt, fühlt man sich zunächst ein wenig als Eindringling in eine eingeschworene Gemeinschaft. Es dauert eine gewisse Zeit, bis man begreift, wer hier für was verantwortlich ist. Man muß sich schon selbst zeigen, um gesehen zu werden. Hier ist man oder frau tatsächlich für sich selbst verantwortlich, niemand nimmt einem das hier ab.

Lassen wir auch dazu Freinet noch einmal zu Wort kommen:

> *„Solcherart unterscheiden wir uns von den pädagogischen Bewegungen, die uns vorangingen: zweifelsohne ist dies das erste Mal, daß eine Erneuerungsbewegung so radikal bei der Basis anfängt: Frau Montessori und Decroly waren Ärzte; die Schweizer Psychologen waren Denker; Dewey war Philosoph. Oftmals haben sie in ihrer Genialität gespürt, mit welcher Dringlichkeit die Welt uns neue Forderungen auferlegen würde; sie säten zwar das Korn einer freien Erziehung, aber sie waren es nicht, die den Boden bearbeiteten, in dem die Saat aufgehen sollte, sie hatten auch nicht die Aufgabe, die jungen Pflanzen zu schützen oder zu bewässern und sie mit ihrer Fürsorge bis zum Reifen der Früchte zu begleiten. Sie überließen diese Sorgen den Technikern an der Basis, die aus Mangel an Organisation, Werkzeugen und Verfahrensweisen, nicht in der Lage waren, ihre Träume zu realisieren ... Ich war und bleibe einer dieser Lehrer, und deshalb sind mir auch die Fakten so vertraut, auf die ich so lange eine gültige Antwort gesucht habe.“*[52]

Und schließlich meint Freinet, *„daß die pädagogische Befreiung entweder das Werk der Erzieher selbst sein wird oder gar nicht stattfindet.“*[53]

## *2.7. Vier Prinzipien und drei Entwicklungsrichtungen – Freinet-Pädagogik in einem Bild*

Zusammenfassend könnte folgendes Bild gezeichnet werden: Ein Dreieck, das bestrebt ist, stets in der Balance zu bleiben, soll die Entwicklungsrichtungen symbolisieren, in welche sich Kinder bewegen. Die Größe des Dreiecks entspricht dabei dem jeweiligen Entwicklungsstand des einzelnen Kindes. Es wächst also. Als Entwicklungsrichtungen wären zu nennen:

- Die zunehmende Unabhängigkeit vom Erwachsenen, die wachsende SELBSTÄNDIGKEIT UND KOMPETENZ: Das *bin* ich, das *kann* ich.

[52] Jörg 1981, S. 17.
[53] ebd. S. 18

- Die wachsende Fähigkeit, die eigenen Bedürfnisse handelnd zu befriedigen, der Erwerb von Handlungsfähigkeit, die Fähigkeit, SELBST TÄTIG UND PRODUKTIV zu sein: Das *tue* ich.
- Die zunehmende Fähigkeit, in Gemeinschaft mit anderen zu handeln, das Erleben von GEMEINSAMKEIT UND PARTIZIPATION, die Ausdifferenzierung sozialer Verhaltensweisen: Das bin ich, kann ich und tue ich *gemeinsam* mit anderen.

Peter Teigeler, ein seit 1965 in der Lehrerinnen-Ausbildung tätiger Psychologe, hat sich auf die Suche nach der Psychologie der Freinet-Pädagogik begeben[54] und ist dabei auf den Existenzpsychologen Viktor E. Frankl gestoßen. Frankl sieht im Menschen vor allem ein Wesen auf der Suche nach persönlichem Sinn. Bei ihm finden wir unser Dreieck wieder: Das Ich findet sich nicht nur bei sich selbst, etwa, indem es um sich selbst kreist. Es muß erst über sich hinauswachsen, muß, so Teigeler, sich „selbst *erschaffen*".

Übersetzt könnte man sagen: Was ich bin und kann, erfahre ich erst, wenn ich etwas davon nach außen bringe, wenn ich mich in Beziehung setze zu Personen und Dingen, wenn ich persönlichen Zielen folgend gestalten kann. Frankl nennt die Begriffe „Erfüllung" und „Begegnung". Der Mensch erfüllt *sich*, indem er etwas erschafft, indem er produktiv ist, sich selbst in Produkten und im Tun veräußerlicht und dadurch verwirklicht. Und er begegnet *sich* in den anderen. Zum Ich gehören also unbedingt auch die anderen und das produktive Tun.

Bei Freinet heißt das: Kinder haben die Freiheit, über ihr Handeln selbst zu entscheiden und dafür auch die Verantwortung zu übernehmen, sie tun dies in Kooperation mit anderen und indem sie arbeiten, also gestaltend tätig sind.

Das Kind versucht beständig, diese drei Seiten zu entwickeln. Dabei muß es immer wieder ein Gleichgewicht der drei Seiten erreichen, sonst kommt unser Dreieck ins Schwanken und einzelne Entwicklungsbereiche bleiben dabei zurück.

Der Rahmen, in dem das Entwicklungsdreieck wächst, der Entwicklungsraum oder das MILIEU, ist in der Freinet-Pädagogik durch vier Prinzipien bestimmt:

- FREIHEIT

  Die Freinetklasse ist grundsätzlich so organisiert, daß alles frei zugänglich ist und auch ohne die Erlaubnis Erwachsener jederzeit be-

[54] Teigeler in Hellmich/Teigeler 1995³, S. 114ff.

nutzbar. Was, wie und woran Kinder lernen, ist im wesentlichen abhängig von ihrer freien Wahl. Am deutlichsten kommt dieses Prinzip im freien Ausdruck und im freien Text zur Geltung. Freiheit setzt eine bestimmte Organisationsform voraus, an deren Entstehung, Gestaltung und Veränderung die Kinder grundsätzlich beteiligt sind.
Regelüberschreitungen werden von Erwachsenen als Signal begriffen. Kinder teilen dabei, wenn auch nicht bewußt, etwas über ihre Bedürfnisse und derzeitigen Fähigkeiten mit: Vielleicht haben sie die Regel gar nicht in allen Einzelheiten begriffen, vielleicht schränkt sie zu sehr ein, vielleicht behindert sie den Entdeckungsdrang. Vielleicht paßt sie auch einfach nicht zur Situation.

- VERANTWORTUNG
  Freiheit verlangt die Übernahme von Entscheidungen durch viele. Dafür sind Kriterien notwendig. Wer entscheidet, übernimmt auch die Verantwortung für seine Entscheidung. Kindern diese Verantwortung zu überlassen, fällt Erwachsenen oft nicht leicht. Sie glauben, bereits zum Zeitpunkt der Entscheidung die Folgen zu übersehen. Sie weisen darauf hin und nehmen den Kindern damit die Verantwortung ab. Verantwortung entsteht jedoch dort, wo Kinder Entscheidungen treffen können, die auch Folgen haben. Dies geschieht zum Beispiel im Klassenrat, vor allem aber, und das ist vielleicht das Besondere der Freinet-Pädagogik, wenn die Kinder für ihren Lern- und Entwicklungsprozeß selbst die Verantwortung übernehmen: Sie entscheiden selbst, was sie tun. Verantwortung tragen Kinder auch, wenn sie Regelverletzungen von Lehrern (niemand sage, es gäbe sie nicht!) ahnden können.

- SINN
  Hierin liegt die motivierende Kraft, die für Entwicklung und Lernen aufgebracht werden muß. Entwicklung ist immer auf die Überwindung von gegenwärtigen Begrenzungen gerichtet. Um diese Mühe auf sich zu nehmen, muß etwas jenseits dieser Grenzen „als Belohnung“ winken. Dies kann etwas Äußerliches sein, etwa ein Lob der Erwachsenen oder die gute Note. Es kann aber auch in der persönlichen Sinnerfüllung liegen. Eben darin ist die Ursache für den *„Hunger nach Leben und Aktivität“*[55] zu suchen, den Freinet jedem Kind zuschreibt. Im persönlichen Sinn also liegt die mo-

[55] Freinet 1980, S. 28

tivierende Kraft, wenn Kinder nicht nachlassen in ihrem Bemühen um Selbstentwicklung, wenn sie forschend tasten.
Sinn ist aber nicht nur einfach da. Erst im Handeln entsteht Sinn, verändert und festigt sich schließlich. Was innen ist, muß nach außen und wird im Tun in irgendeiner Form Teil der realen Wirklichkeit. Kinder handeln im wahrsten Sinne des Wortes sinnstiftend, wenn sie dabei nicht von Erwachsenen mit *deren* Wert-, Ziel- und Moralvorstellungen überschüttet werden. Freinet-Pädagogen halten sich daher im Bewerten und Kommentieren sehr stark zurück.

- Bezug zum Leben
  Sinn entsteht dort als leitendes Prinzip, wo sich Kinder nahe am wirklichen Leben entwickeln können. Freinet-Pädagogik öffnet die Schule für das Leben *der Kinder. Ihre* Themen sind die Lernfelder, ihre Vorlieben legen fest, in welcher Weise gelernt wird. Dafür finden sie alles Notwendige vor. So kann die „Geschichte von den schrecklichen Marsmenschen" zur Erfindung von Gravitationsmaschinen führen. Die Klage, daß die Zahnpasta so bitter schmeckt, kann zu chemischen Versuchen, einer Exkursion in den nahen Supermarkt oder auch zu Vergleichen führen, was noch alles bitter schmeckt, oder noch bitterer, was im Unterschied dazu sauer schmeckt oder süß. Kinder, die sich mit dem Lauf eines Flusses beschäftigen, haben dafür nicht nur Bücher und Karten zur Verfügung, sondern verfolgen auch den örtlichen Bach oder Fluß, gehen an ihm entlang, suchen seine Ränder ab, beobachten ihn zu verschiedenen Jahreszeiten oder suchen – wenn möglich – auch seine Quelle auf. Selbst abstrakte Mathematik kann lebensnah gelernt werden. Paul Le Bohec fordert beispielsweise die Kinder auf, eigene mathematische Erfindungen zu machen.[56] Bezug zum Leben entsteht schließlich auch durch die täglich notwendigen Verrichtungen. Oft übernimmt in einer Freinet-Klasse jedes Kind ein wichtiges Amt: das Datum jeden Tag an die Tafel schreiben, Milch und Kakao verteilen, Stuhlbeine festschrauben, dafür sorgen, daß keine Taschen auf dem Boden liegen, den Gong schlagen, falls es mal zu laut wird, saugen, Regal abstauben, Reparaturen übernehmen oder Fische füttern.

[56] Paul Le Bohec 1994 und 1996

Vier Prinzipien und drei Entwicklungen – Freinet-Pädagogik in einem Bild:

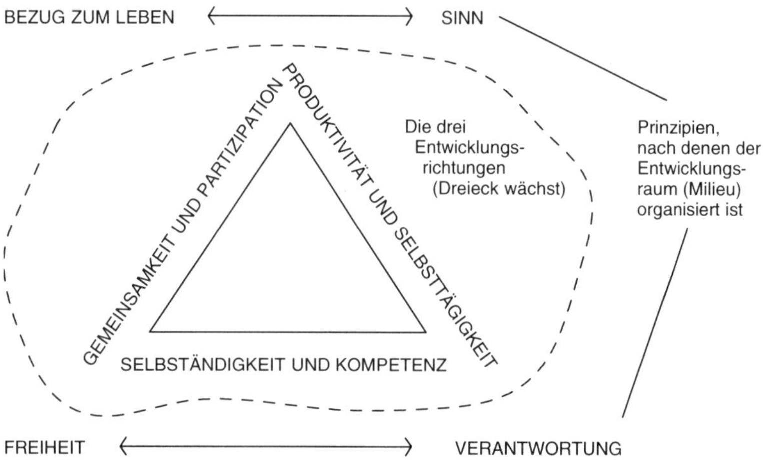


- - steht für den Entwicklungsraum der Kinder.
△ Das Entwicklungs-Dreieck ist bei jedem Kind zu jeder Zeit unterschiedlich ausgeprägt. Es wächst im Verlauf der kindlichen Entwicklung.

## *2.8. Ähnlichkeiten und Unterschiede – Eine Schulpädagogik für Kindertageseinrichtungen?*

In deutschen Kindertageseinrichtungen ist die Freinet-Pädagogik bislang noch nicht sehr verbreitet. Als ursprünglich der Schulpädagogik entstammender Ansatz fristet sie auch in der Ausbildung von Erzieherinnen das Schicksal eines Mauerblümchens. Zu stark sind wohl noch immer die Abgrenzungen zwischen Schule und Kindertageseinrichtung.

Dabei ist die Kindertageseinrichtung des Jahres 1997 Freinets Landschule aus dem Jahre 1934 viel ähnlicher als die Grundschule von heute:

- statt Jahrgangsklassen in der Grundschule stoßen wir in der Kindertageseinrichtung und bei Freinet auf breite Altersmischung,
- anstelle arbeitsteiliger Fachlehrer – in beiden das Prinzip: eine Gruppe – eine Erzieherin (bzw. Lehrer),

- statt konstruierter und künstlicher Lernmaterialien – in beiden Alltagsnähe und Bezug zum Leben der Kinder,
- statt durch Erwachsene gelenkte und gesteuerte Arbeitsweise – in beiden die Freiheit der Wahl und die Möglichkeit, eigenen Rhythmen zu folgen.

Da und dort kann man deshalb auch im Bereich der Kinder- und Jugendhilfe auf den Namen Freinet stoßen. Punktuell gewinnt die Freinet-Pädagogik zunehmend Freunde und Freundinnen in den neuen Bundesländern (besonders Sachsen und Thüringen), wo Erzieherinnen sich auf die Suche nach brauchbaren Konzepten gemacht haben und noch immer machen oder auch im Saarland und in Bayern.

Unseres Wissens konzentrieren sich die Erfahrungen mit diesem Ansatz ansonsten aber auf das Rhein-Main-Gebiet und dort besonders auf Wiesbaden, wo die Freinet-Pädagogik in Kindertageseinrichtungen die längste Tradition hat.

Dort begannen Erzieherinnen und Leiterinnen aus zunächst vier Horten schon 1979, sich für Freinet zu interessieren. Ohne den Ablauf dieser Entwicklung hier im einzelnen nachzeichnen zu wollen, sind doch einige Merkmale interessant:

- Die spezifische Form der Freinet-Pädagogik für Kindertageseinrichtungen ist, anders als etwa der Situationsansatz oder die Montessori-Pädagogik, unmittelbar aus der Praxis heraus in einem selbstorganisierten Prozeß entstanden. Das meiste von dem, was wir in diesem Buch vorstellen, ist Anfang und Mitte der 80er Jahre eigenverantwortlich von Erzieherinnen „entdeckt“ und mit Kindern ausprobiert worden. Erzieherinnen und Leiterinnen trafen sich damals vierzehntägig und versuchten, angeregt durch Freinet, für die Bedingungen des Hortes brauchbare Arbeitstechniken zu finden. Einige Methoden und Techniken wurden dabei direkt von Freinet übernommen, andere verändert oder nach und nach auch neu entwickelt.
- Dies geschah von Anfang an im engen Kontakt zu den Kindern und in einem Dialog mit ihnen. Alle Erzieherinnen verpflichteten sich, neue Techniken und Methoden unmittelbar auszuprobieren, damit zu experimentieren und auf diese Weise herauszubekommen, wie die Kinder darauf reagieren würden. Diese wiederum haben bei weitem nicht alles angenommen. Sie haben vielmehr selbst Ideen entwickelt und Vorschläge gemacht. Solche Erfahrungen wurden regelmäßig im „Freinet-Arbeitskreis“ zusammengetragen und ausgetauscht. Das Ganze war ein für die Erwachsenen spannender, innovativer, selbstkritischer und sehr lehrreicher Prozeß.

- Dabei lag eine Erfahrung besonderer Art darin, die Bedeutung des Details zu entdecken. Im großen und ganzen waren sich die Teilnehmenden meist schnell einig: Gruppenbesprechungen wollten sie, offene und zugängliche Werkstätten oder Freiräume für die Kinder. Wie das aber *genau und im Detail* umsetzen? Welche *konkrete Form* paßte zu welchen Kindern? Immer und immer wieder wurde und wird noch heute von neuem weiter geknobelt.

Dabei passierten wichtige Dinge:
Erstens kamen die Erzieherinnen den wirklichen Kindern näher denn je. Zweitens entdeckten sie bei sich selbst den Spaß am Lernen, am Experimentieren, Knobeln und Versuchen. Sie lernten (wieder), daß gerade in Mißerfolgen wichtige Erfahrungen enthalten sind und entwickelten große Fähigkeiten darin, sich selbst immer wieder kritisch gegenüberzutreten.

Drittens lernten sie etwas über die Bedeutung der Kleinigkeiten, die sich bekanntermaßen erst auf Umwegen zeigen. Wie schnell neigen Erwachsene ansonsten dazu, die Kleinigkeiten, die für die Kinder so große Bedeutung haben, dem sturen Geradeaus zu opfern, *„bei dem das Ankommen dann wichtiger als die Reise ist.“*[57]

Es dauerte fast 10 Jahre, bis der Wiesbadener Freinet-Arbeitskreis, inzwischen auf 13 Einrichtungen gewachsen, begann, von „Standards“ zu sprechen.

Das war dann auch der Zeitpunkt, an dem Versäumnisse sichtbar wurden. Die vielen Jahre des Forschens und Suchens nach Techniken, Strukturen, Organisationsformen und Methoden hatten das Gespräch über die pädagogische Haltung in der Freinet-Pädagogik in den Hintergrund treten lassen. Freinet hätte gesagt: *„Die Werkzeuge haben sich verselbständigt!“* Das Festhalten an Standards war plötzlich wichtiger als der Dialog mit den Kindern. Es dauerte abermals einige Zeit, bis beides wieder zusammengeführt war.

Freinet-Pädagogik hat in der Kindertageseinrichtung ein ganz eigenes Gesicht.

Lernen und Entwicklung vollziehen sich hier in anderen Zusammenhängen als in der Schule. Während sie hier quasi nebenbei erfolgen, sind sie dort vordringliche Aufgabe. Während hier nichts bewertet werden muß, sind Lehrer dort gezwungen, Leistungen zu überprüfen. Während sich hier Lernen vorwiegend im Alltag vollzieht, müssen dort bestimmte Stoffpläne berücksichtigt werden. Wäh-

[57] Kazemi-Veisari 1996, S. 65

rend wir hier im allgemeinen auf altersgemischte Gruppen treffen, herrschen dort die Jahrgangsklassen vor.

Im Mittelpunkt der Kindertageseinrichtung steht die Gestaltung des gemeinsamen Alltags mit all seinen interessanten und prickelnden Facetten. Die Kindertageseinrichtung ist vor allem ein Raum, den Kinder *benutzen*, um ihren Bedürfnissen nachzugehen, denen nach Entwicklung und Lernerfolgen, denen nach Spiel und Arbeit, emotionaler Sicherheit, Zugehörigkeit und Bindungen. Insofern begreifen wir die Kindertageseinrichtung als einen umfassenderen Entwicklungsraum als die Schule, wenngleich letztere auch anders gestaltet sein könnte.

Zu berücksichtigen sind auch die Unterschiede der jeweiligen Entwicklungsstufen der Kinder. So mußten beispielsweise Formen des Mitbestimmens gefunden werden, die nicht auf Schrift und sogar nicht einmal in erster Linie auf Sprache basieren. Viel stärker noch als in der Schule sind in der Kindertageseinrichtung Kinderkonferenzen *Übungsfelder* sozialen Miteinanders statt Instrumente zur Demokratisierung des Zusammenlebens. Entsprechend anders sind sie auch organisiert und unterscheiden sich in vielen Einzelheiten vom Klassenrat in der Schule.

Bei all diesen Unterschieden, die vor allem im Detail zu suchen sind, ist die Kindertageseinrichtung aber auch ein Ort des Lernens. Wer täglich mit Kindern zusammen ist, erlebt, wieviel Hunger nach Leben und Aktivität alle Kinder besitzen, wenn sie sich in anregungsreicher Umgebung nach eigenen Rhythmen entwickeln können. Kinder *wollen immer* lernen, wenn ihre Fragen, Hypothesen und philosophischen Erklärungsversuche von Erwachsenen wahrgenommen, nicht als „kindlich“ und „altklug“ abgetan oder besserwisserisch beantwortet werden.

# 3. Die Praxis der Freinet-Pädagogik in Kindertageseinrichtungen

## *3.1. Der Alltag steckt voller Überraschungen! – Bezug zum Leben und Sinn*

Simon ist zweieinhalb Jahre alt. An schönen sonnigen Tagen hält er sich gerne im Außengelände der Kindertageseinrichtung auf. Er läuft dann kreuz und quer auf dem Gelände herum, erkundet dies und das oder betrachtet andere Kindern beim Spiel. Heute bleibt er in der Nähe des Eingangstores stehen und sieht zu, wie ein Handwerker es öffnet und wieder schließt. Irgend etwas erregt sein Interesse. Er geht hin und stößt an das Tor, das ihn um mindestens 30 cm überragt. Immer wieder macht Simon nun selbst das Tor auf und zu: langsam, ganz langsam und noch langsamer, schnell und immer schneller. Manchmal tritt er fest dagegen, manchmal berührt er es nur leicht. Wenn es zuschlägt, lächelt er und freut sich offensichtlich darüber. Er versucht es von beiden Seiten, rennt immer hin und her. Dann findet er heraus, daß das Tor nach der einen Seite hin schließt und sich nach der anderen öffnet, daß man es auf der einen Seite drücken und auf der anderen ziehen muß und dabei jeweils das Gegenteil erreicht. Nun hält er inne, um im Anschluß nur noch wilder mit dem Tor umzugehen. Er rennt von ihm weg und wieder hin, schlägt immer fester dagegen, rennt wieder weg, bleibt ruckartig stehen, dreht sich um, schaut das Tor an, rennt wieder hin und schlägt es erneut zu. Sein Gesicht strahlt immer entzückter, wenn das Tor in die Fassung knallt. Schließlich läßt er von dem Tor ab und geht seiner Wege. Etwa 15 Minuten lang beschäftigte das Tor Simons Aufmerksamkeit.

Die ganze Zeit über hat ihn eine Erzieherin – in einiger Entfernung stehend – dabei beobachtet. Jedesmal, wenn Simon das Tor wieder in die Fassung knallte, zuckte sie innerlich zusammen. Was, wenn seine Finger dazwischen geraten würden? Sie greift dennoch nicht ein, sondern beobachtet genau, was Simon tut. Dabei fällt ihr beispielsweise auf, daß er das Tor niemals an der Kante anfaßt, sondern immer mit der ganzen Hand dagegen drückt. Und sie nimmt wahr, daß Simon im Begriff ist, eine Entdeckung zu machen. Seine intensiven Bemühungen deuten darauf hin, daß das Tor Simons „Hunger nach Leben und Aktivität"[1] entfacht hat.

Befragt, faßt sie schließlich zusammen, was sie meint, beobachtet zu haben. Simon hat entdeckt:

- wie sich das Holz des Tores anfühlt;
- welche Kraft er einsetzen muß, um die Tür zu schließen, wie also das Verhältnis von Druck, Kraft und Widerstand in diesem Fall beschaffen ist;
- daß das Tor den Druck übernimmt und man leicht umfallen kann, wenn man fest dagegen drückt, das Tor nachgibt und sich ruckartig schließt;
- wie es sich anhört, wenn die Tür in die Fassung knallt;
- daß es durchaus unterschiedliche Töne macht, wenn sie fest oder behutsam geschlossen wird;
- daß sich das Tor nach einer Seite hin öffnet, nach der anderen Seite hin schließt, man es aber von beiden Seiten sowohl öffnen wie schließen kann;
- daß man es dabei aber einmal ziehen und einmal stoßen muß;
- daß das Tor größer ist als er selbst, er es aber dennoch in Bewegung setzen kann;
- daß sich kein Erwachsener in seinen Entdeckungsprozeß einmischt und er selbst entscheiden kann, was er probieren möchte.

Die Erzieherin glaubt auch, daß sich Simon im Anschluß an seine Experimente vielleicht eine Menge *neuer* Fragen stellen:

- Wie ist das Verhältnis von Krafteinsatz und Erfolg bei anderen Türen? Wird es mir gelingen, alle Türen zu schließen und zu öffnen?
- Wozu ist dieses Tor eigentlich da?
- Wer darf hindurchgehen und wer nicht?
- Warum falle ich um, wenn ich nicht aufpasse? Wie kann ich das verhindern?

Die Erzieherin ist davon überzeugt, daß Simon bei einer nächsten Gelegenheit weiter daran „arbeiten" wird. Er wird vielleicht mit anderen Türen experimentieren. Eventuell wird er mit diesem Tor seine Erfahrungen auch noch ein bis zweimal überprüfen und festigen, bevor er sich neuen Aufgaben stellt. Die Erzieherin glaubt, daß in Simons Ex-

[1] Freinet schreibt: „Die sind die neuen Erkenntnisse: Das Kind ist hungrig nach Leben und Aktivität. Diesen Drang nutzen wir, indem wir dem Kind die ‚Instrumente' der Unterweisung und der Erziehung selbst in die Hand geben, und indem wir an der Verwirklichung der materiellen und sozialen Voraussetzungen arbeiten, die es dem Kind ermöglichen, diesem Drang nachzugehen." In: Freinet 1980, S. 28

periment auch Fragen enthalten sind, die sich ihm derzeit noch nicht stellen, daß es dazu erst noch weiterer tastender Bemühungen bedarf, Fragen wie z. B.:

- was passieren würde, hätte das Tor keine Zarge;
- welcher Schwung optimal ist, um das Tor sanft ins Schloß fallen zu lassen;
- wie in diesem Fall das Verhältnis von Masse, Widerstand und Druck ausfallen würde;
- woher der Widerstand überhaupt kommt, ob es beispielsweise leichter ginge, wäre die Tür besser geölt, befände sie sich in einem schwerelosen Raum oder wäre sie aus besser gleitendem Material;
- wie die Tür im einzelnen beschaffen ist und funktioniert.

Warum erregt das Tor überhaupt Simons Interesse? Was seine Fragen auslöst, ist schwer zu beantworten, vielleicht die Art und Weise, *wie* der Handwerker das Tor öffnete, vielleicht auch dessen Lächeln, vielleicht die Erinnerung an frühere Erlebnisse, ausgelöst durch die beobachtete Situation.

Wie kommt es, daß Simon so lange an diesem Tor bleibt? Es muß einen SINN für ihn haben, sonst würde er davon schnell wieder ablassen.

Sinn steckt für Simon im Experiment selbst. Indem er mit einem Gegenstand aus seinem Leben hantiert, erfährt er etwas über sich: Wie stark bin ich, wieviel weiß ich schon darüber, wie das funktioniert, kann ich den Gegenstand und die Situation schon beherrschen und wie selbständig und unabhängig bin ich schon? Antworten auf diese Fragen liefert ihm gewissermaßen die Tür, ein Objekt aus seinem Leben.

Menschen handeln niemals ohne Sinngebung. Man kann sogar sagen, *„der Mensch ist ein Wesen auf der Suche nach Sinn"*[2]. Und es ist jeweils der konkrete persönliche Sinn in der konkreten Situation, der Menschen dazu bringt, etwas zu tun. Wenn Handeln keinen Bezug zum eigenen Leben hat, muß es durch einen äußerlich gesetzten Sinn hervorgebracht werden: jemand anderem genügen oder Angst bewältigen wollen.

Simon aber kann seiner Tätigkeit *selbst* Sinn geben.

Was für ihn Sinn macht, muß nicht für jemand andern gelten. In jeder Situation geben Menschen ihrem Tun einen besonderen, nämlich ihren eigenen Sinn. Bei weitem nicht alle Kinder der Einrichtung experimentieren mit dem Eingangstor. Sie suchen sich andere Versuchsfelder. Simon *lernt*, und zwar an einem ganz alltäglichem Gegenstand

[2] Frankl 1985[2], S. 59

und in einer ganz alltäglichen Situation. Beides ist Teil seines Lebens. Daß er sich gerade daran und gerade in diesem Moment daran probiert, ist seine eigene spontane Entscheidung.

Die Entdeckungen, die Simon macht, integriert er in frühere Erfahrungen. Neue Zusammenhänge werden hergestellt – *und* gleichzeitig entstehen daraus neue Fragen. Die sind dann wieder Ausgangsbasis für weitere Versuche und Experimente.

Simons Versuche beschreiben anschaulich, was hundertfach im Alltag einer Kindertageseinrichtung geschehen kann, wenn Erwachsene es zulassen und wahrnehmen. Der Alltag dort steckt voller Überraschungen und kann *sinnvoll* genutzt werden.

Freinet-Pädagogik will diese Art zu lernen und sich die Welt anzueignen aktiv befördern. Sie geht davon aus, daß die Kindertageseinrichtung aus Sicht der Kinder vor allem ein Ort ist, welcher der eigenen Bedürfnisbefriedigung dient, ein Ort, den sie *für sich gebrauchen können*, ein Ort mit viel Bezug zu ihrem *gegenwärtigen* Leben! Unter anderem darin drückt sich die Kindzentrierung der Freinet-Pädagogik aus.

Kinder sehen in der Kindertageseinrichtung durchaus keinen pädagogischen Raum, in dem es vor allem um hehre in der Zukunft liegenden Ziele geht. Für sie ist die Kindertageseinrichtung mit ihren Möglichkeiten für die Bedürfnisbefriedigung schlicht heute benutzbar oder nicht. Auf der Suche nach nützlichen Gegenständen und Räumen durchforsten sie das Haus und seine Umgebung immer wieder aufs Neue. Mit wechselndem Alter erschließen sich ihnen dabei ständig neue Nutzungs- und damit auch Erfahrungs- und Lernmöglichkeiten.

Sie arbeiten im Garten, gehen mit Rohrzangen an Abflüsse und wundern sich über den Inhalt, ölen knarrende Türen, bauen Kaninchenställe, drucken „Liebes-Sex-Bücher“[3], mikroskopieren kleine Dinge, züchten Spinnen[4], führen einen „Herbstputz“[5] durch, organisieren Discos, besuchen das Büro und spielen „Leiterin“, schnippeln Karotten, waschen Wäsche, erkunden bislang unbekannte „Gegen-

---

[3] Das „Liebes-Sex-Buch“ entstand 1984 im Rahmen eines Projektes in einem Wiesbadener Hort. Die 9–11jährigen Kinder, die es herstellten, wollten die jüngeren „aufklären“, indem sie ihnen in dem Buch ihre eigenen Sichtweisen und Erklärungen lieferten.

[4] In der Kindertagesstätte Friedrich-Engels-Weg in Wiesbaden gab es über mehrere Jahre hinweg in einem Terrarium eine Spinnenaufzucht. Sie entstand aus dem Alltag heraus: Der 8jährige Yong-Minh hatte eine Spinne gefangen und sie im Terrarium beobachten wollen. Die Spinne baute darin einen Kokon, junge Spinnen schlüpften und Yong-Minh wurde (zum Schrecken seiner Erzieherinnen) „Spinnenfachmann“.

[5] Den „Herbstputz“ haben Kinder erfunden, denen der Frühjahrsputz nicht ausreichend erschien.

den" wie den Heizungsraum, bauen sich in Hecken Höhlen, machen dann und wann ein Lagerfeuer.

Sie laden ihre Lehrer oder Schulfreunde ein. Sie saugen, fegen, gießen Blumen, putzen, wischen, kochen, backen, legen Wäsche zusammen, reparieren oder helfen dabei, nehmen alte Elektrogeräte auseinander und besehen sich deren Innenleben.

Sie schreiben Briefe, rufen beim Kino wegen der Öffnungszeiten an, veranstalten jede Menge Flohmärkte oder machen Telefondienst im Büro. Die Möglichkeiten sind unerschöpflich.

All das birgt Gelegenheit zum Experimentieren und Tasten. Sich an Gegenständen aus dem wirklichen Leben zu erproben, nennt Freinet die NATÜRLICHE METHODE[6].

Erwachsene tun sich oft schwer damit, zu erfassen und wahrzunehmen, in welcher Weise Kinder den Alltag für sich nutzen.

Wie kann nun eine derart an der *Gegenwart* der Kinder organisierte Kindertageseinrichtung aussehen?

- Vor allem: Kindern müßte alles – Räume, Material, Werkzeuge – jederzeit frei zugänglich sein.[7] Um Handlungen, Produkten, Spielen, Gegenständen einen persönlichen Sinn zu geben, müssen sie selbst entscheiden können, wann, in welcher Weise und womit sie zu welchem Zweck hantieren.

  Damit alles auch benutzt werden kann, ist die Liebe zum Detail, die Freinet-Pädagoginnen eigen ist, hier angebracht. Über einen langen Zeitraum hinweg beschäftigten sich beispielsweise Erzieherinnen mit der Frage nach der passenden Säge für die Holzwerkstatt. Es wurde ausprobiert und experimentiert. Übrig blieben: viele Bügelsägen, wenige und kurze Fuchsschwänze.
- Eine solche Kindertageseinrichtung müßte das *gegenwärtige und tatsächliche Leben der Kinder* widerspiegeln. Es dürfen dort Stickeralben ebensowenig fehlen wie BSB-Poster[8], Wrestling-Sammelalben, Pferdebilder, Fußballwimpel, die Becket-Preisliste zur Bestimmung des Wertes von Basketball-Bildern, der Swatch-Uhren-, Lego- oder Playmobilkatalog. Solche Dinge und auch Material aus dem Gruppenleben (Bilder, Fotos etc.) können gut in NACHSCHLAGEKISTEN oder DOKUMENTENSAMMLUNGEN[9], aber nicht nur da, ihren Platz finden.

---

[6] Vgl. Kap. 2.3.

[7] Siehe Kapitel 3.2.: Kinder bestimmen über sich selbst! – Freiheit und Verantwortung

[8] Back Street Boys, eine sogenannte Boy-Gruppe

[9] Alle Techniken, Arbeitsmittel und Methoden, die bereits in Kindertageseinrichtungen praktiziert werden und sich dort bewährt haben, werden in Kapitel 3.7. beschrieben.

5. Dienstag, der 3.5.1988
Jasper hat ein Lego-Raumschiff mitgebracht.
Lisa und Nadine haben ihren
Arbeitsplatz aufgeräumt.
Wir bekommen für unsere
Bücherei ein neues Regal gebaut.
Farid übernimmt die Verantwortung
für die Tennisschläger.
Miros und Dennis übernehmen
den Sportschrank.
Der Spruch des Tages von Farid:
Knackige Knochen knacken knackig!!!!

185
Donnerstag 16.2.89
Ich und Dennis haben eine höle gebaut

186
Freitag, 17.2.89
Brandi hat noch Hunger. Wir
sind heute töpfern gegangen.
Jasper hat Brandie die Einführung
für die Carrera-Bahn gegeben.

Drei Seiten eines Gruppentagebuches

Auch Werkzeuge und Geräte, mit denen Kinder heutzutage experimentieren, sollten zu finden sein: Computer, Fax-Gerät, Mikroskop, Teleskop, Terrarium oder das ferngesteuerte Auto. Selbst wenn Erwachsene dem einen oder anderen durchaus kritisch gegenüberstehen, haben diese Dinge – sofern sie im Leben der Kinder eine Rolle spielen – ihren Platz in der Kindertageseinrichtung. Ist es deshalb nicht besser, sich gemeinsam um die Tamagotchis[10] zu kümmern und die *dahinter liegenden* Gefühle und Bedürfnisse der Kinder wahrzunehmen, als das für manches Kind so wichtige Spielzeug einfach ganz aus dem Alltag der Kindertageseinrichtung zu verbannen?

- Gute Erfahrungen gibt es in Kindertageseinrichtungen auch mit dem freien Ausdruck. Wie bei Freinet unterstützt er die Kinder dabei, sich mitzuteilen und hilft den Erwachsenen, etwas von dem mitzubekommen, was Kinder zur Zeit bewegt.
  In ZEITUNGEN, TAGEBÜCHERN, im LEBENSBUCH DER GRUPPE oder speziellen GRUPPENBÜCHERN werden alltägliche Erlebnisse festgehalten. Manche Gruppen besitzen BRIEFKÄSTEN. Sie bekommen Post von Eltern, anderen Erzieherinnen, der Leitung, anderen Gruppen, manche aus Nah und Fern. Auch persönliche Post kommt dort an.
  In Kindertageseinrichtungen, die sich an der Freinet-Pädagogik orientieren, stoßen Kinder überhaupt auf unzählige SCHREIB- UND LESEANLÄSSE. Kinder hängen überall Zettel mit Nachrichten, Suchanzeigen oder ähnlichem auf. Schon Kindergartenkinder schreiben ihren Namen auf Ausleihquittungen, in Benutzerbücher, Tagebücher, Protokolle von Kinderkonferenzen oder wenn sie sich für irgend etwas eintragen. Dem Lesen-durch-Schreiben-Lernprozeß könnten wir ein eigenes Kapitel widmen.[11] Vorformen und wichtige Ergänzungen des schriftlichen freien Ausdrucks sind der mündliche Ausdruck, der bildliche, der gestaltende, der spielerische, der körperliche und handelnde freie Ausdruck.
  Mit KORRESPONDENZEN tun sich Kinder aus Kindertageseinrichtungen schwer. Es fehlt leider noch an interessanten Partnern aus fremden Regionen. Im Anhang finden sich Adressen. Vielleicht hilft dieses Buch ja, solche Korrespondenzen ins Leben zu rufen.

---

[10] Ein Tamagotchi ist ein virtuelles Haustier, das gefüttert, versorgt und mit dem gespielt werden muß. Es kann auch (virtuell) sterben.

[11] Wir empfehlen dazu den Erfahrungsbericht Célestin Freinets, der ausführlich beschrieben hat, wie seiner eigenen Tochter gelungen ist, „*ohne Unterricht, spezielle Übungen und methodisches Training in einem normalen Zeitraum den schriftlichen Ausdruck ihrer Gedanken und das Lesen fast perfekt zu beherrschen.*" Freinet 1994, S. 10. Dieser Text ist auch sehr gut für Eltern geeignet.

Erzieherinnen nehmen Kinder mit zum Frisör

- Auch der gesamte Reproduktionsbereich kann für neue Erfahrungen genutzt werden. Dienste und Ämter verteilen Aufgaben auf sehr viele Schultern. Im täglichen Zusammenleben fällt eine große Anzahl von Reparaturen an, die auch gemeinsam erledigt werden können. Dabei helfen REPARATURBÜCHER und Arbeitsaufträge.
  In vielen Gruppen finden sich Staubsauger ebenso selbstverständlich wie Putzeimer und Wischlappen. Wer einmal beobachtet hat, mit welcher Hingabe so manches Kind ein Fenster putzt oder eine quietschende Tür ölt, hat vielleicht eine Ahnung davon, was es dabei alles zu entdecken gibt.
  Wie wir im nächsten Kapitel noch zeigen werden, ist eine wichtige Voraussetzung für Entdeckungen Freiwilligkeit. Werden Ämter, Dienste und andere Vereinbarungen als verlängerter Arm von Erwachsenen genutzt oder sind gar mit Bestrafungen verbunden, treten Beziehungsfragen in den Vordergrund. Der Entwicklungsaspekt gerät dann in den Hintergrund.
- Kinder haben auch außerhalb der Kindertageseinrichtung vielfältige Beziehungen, auch dort spielt sich ihr Leben ab. Freunde sind deshalb in der Kindertageseinrichtung ebenso willkommen wie Fa-

milienangehörige. Privates und Dinge aus dem familiären Leben können mitgebracht werden (Photoalben, Urlaubserinnerungen, Schlafkissen etc.). In manchen Einrichtungen können Kinder auch das Gelände und die Räume verlassen, um dort ohne Erwachsene die nähere Umgebung zu erkunden. Dort finden sie dann etwa ihr „Budchen“, den Bäcker, den Supermarkt oder Nachbarn.

- Das private Leben von Erzieherinnen ist im Alltag der Kindertageseinrichtung meist nicht sichtbar. Doch Kinder sind auch daran brennend interessiert. So begleiten sie Erzieherinnen während deren Dienstzeit zum Frisör, zum persönlichen Einkauf, zum Wäschebügeln nach Hause oder zum TÜV. Es ist durchaus gewollt, daß auch Erzieherinnen „private Dinge“ erledigen und Kinder daran teilhaben lassen.

Wenn eine Einrichtung in dieser Weise gestaltet ist, wird dort *gelebt*. Für den fremden Betrachter mag das auf den ersten Blick verwirrend wirken: Überall hängen Zettel, Listen, Bilder, Fotos und Plakate. Namen stehen an Wänden, Wochenpläne sind riesengroß. Auch die Ordnung entspricht vielfach nicht dem ästhetischen Anspruch von Erwachsenen. Kinder aber finden sich blendend zurecht. Es ist *ihre Ordnung* und *ihre Organisationsform*, die das Gesicht einer solchen Einrichtung prägen. Erwachsene können sich natürlich auch Bereiche schaffen, in denen sie sich wohl fühlen: Personalräume, Sofaecken usw. Dennoch: Eine Kindertageseinrichtung ist ein Kinderhaus, kein Erwachsenenhaus!

Um das akzeptieren zu können, ist es sinnvoll, zu reflektieren, daß Kinder und Erwachsene die Lebenswelt Kindertageseinrichtung subjektiv durchaus unterschiedlich erleben. Gleiche Situationen und Begebenheiten, gleiche Voraussetzungen und Räumlichkeiten werden subjektiv verschieden bewertet und erhalten dadurch einen jeweils anderen persönlichen Sinn. Erwachsene sollten sich bewußt darauf einlassen und sich auf die Suche danach machen, ob ihre Einrichtung dem Leben der Kinder entsprechend gestaltet ist. Kinder wären dabei gute Ratgeber.

## *3.2. Kinder bestimmen über sich selbst! – Freiheit und Verantwortung*

Hanna, 7 Jahre alt, ist zum KINDERRAT eingeladen. Sie hatte einen Zettel mit dem folgenden Text an die WANDZEITUNG des Kinderrates gehängt: „*Wann werden die Eigentumsfächer der Sternschnuppengruppe repariert? Hanna.*" Ihrer Anfrage waren wochenlange Gespräche vorausgegangen. Zwei Jungen, Patrick und Stefan, hatten in der Woche zuvor einen anderen Zettel zum gleichen Thema an der Wandzeitung hängen: „*Ich finde schlecht, das Bilal und Robert an mein Eigentum waren und dran gehen! Patrick und Stefan.*"

Alle Kinder dieser Einrichtung besitzen Eigentumsfächer, die von einer Erzieherin mit der Hilfe von Kindern selbst gebaut wurden. Das sind abschließbare Fächer und Schränkchen in unterschiedlichen Formen und Größen. Diese Fächer sind für alle anderen tabu, die Erwachsenen eingeschlossen. Seit dem Bau der Fächer sind bereits einige Jahre vergangen. Nun „besitzt" sie bereits die dritte Generation. Schlüssel wurden verloren, manche Schränke standen offen, das Gesetz der Unantastbarkeit wurde bereits mehrfach gebrochen.

Einige Erzieherinnen sind enttäuscht und empört darüber, wie „unverantwortlich" die Kinder mit den Fächern umgegangen sind. Schließlich hatte ihr Bau einmal viel Zeit und Geld gekostet. Einige Erzieherinnen meinen, jetzt müsse man die Kinder neu „einführen" und ihnen die Fächer samt Schlüssel bis dahin erst einmal entziehen.

Darauf reagieren die Kinder entrüstet: Manche haben ein defektes Fach übernommen. Andere haben zwar ihren Schlüssel verloren, aber keinen neuen erhalten. Deshalb *mußten* sie ihr Fach aufbrechen. Darin waren schließlich auch Schulsachen.

Zwei von ihnen, Patrick und Stefan, wenden sich an den KINDERRAT. Im Kinderrat treffen sich allwöchentlich Vertreter und Vertreterinnen aus allen Gruppen mit der Leiterin. Die Tagesordnung wird von der WANDZEITUNG festgelegt, die im Flur der Einrichtung hängt. Dort kann jeder Zettel mit seinen Anliegen aufhängen.

Patricks und Stefans Anliegen wird aber erst einmal an die Gruppe zurückgegeben. „*Das ist ein Punkt für die Gruppenbesprechung*", wird lapidar beschlossen. Dieser Beschluß löst eine Lawine aus. Kinder und Erwachsene diskutieren heftig: Warum werden Schlüssel verloren? Wer geht an Fächer von anderen? Erwachsene wurden auch schon dabei beobachtet. Wie sollen wir uns an die Regelungen halten, wenn die Fächer kaputt sind?

Es ist Hanna, die schließlich einen zweiten Versuch im Kinderrat wagt. Tom, der Vertreter aus Hannas Gruppe, im Kinderrat ist sehr pessimistisch. Er glaubt nicht daran, daß sich wirklich etwas ändert. Um so mehr staunt er über den Beschluß: *„Marlies repariert die Fächer, und wenn sie bis Mai noch nicht angefangen hat, soll Tom sie daran erinnern."*

Das hätte er nicht geglaubt. Marlies ist Erzieherin und für Holzeinbauten zuständig. Sie war es auch, die vor einigen Jahren die Fächer erstmals anfertigte.

Weitere Regeln werden erfunden, weitere Lösungen entdeckt: Die Schlüssel sollen in Zukunft an einem langen Halsband hängend übergeben werden. Kinder und Erwachsene sollen dafür bei Marlies ein (kleines) Pfand hinterlegen. Die „Schlüsselübergabeverträge" für die Fächer und Spinde der Erwachsenen unterschreiben die Kinder. Die Kinder dürfen bei der Reparatur der Fächer helfen. Sie sollen Pläne machen, wenn sich dabei etwas ändern, das Schränkchen etwa ein Dach bekommen soll. Manche Kinder hängen eine Liste mit zwei Spalten an ihr Fach: *„Dran gewesen: … …"* und *„Das ist drin: … …"*.

Zwischen Tom, Hanna, Patrick, Stefan, den anderen Kindern und Erwachsenen war unklar, wer in bezug auf die Eigentumsfächer *welche* Verantwortung trägt.

Die Erzieherinnen sind davon ausgegangen, das sei alles vor Jahren bereits ausgemacht und müsse nicht von neuem ausgehandelt werden. Damals sei die Verantwortung *übergeben* worden. Die Kinder haben zwar irgendwann die Fächer, nicht aber auch die Verantwortung *übernommen.* Niemand hatte sie gefragt, ob sie diese haben *wollen.* Unklar war auch, worin die Verantwortung denn konkret bestand, was *genau* zutun gewesen wäre, um ihr nachzukommen. Die Erzieherinnen dachten, die Verantwortung und ein Bewußtsein davon gehe sozusagen von selbst mit den Fächern auf die Kinder über.

Für die Erzieherinnen bestand die Verantwortung vor allem der Einrichtung gegenüber. Ihre Argumentation: *„Das Holz kostet Geld, wir haben wenig. Außerdem fehlt die Zeit, immer wieder von neuem die Fächer zu reparieren."* Einige Kinder fühlten sich eher Marlies persönlich gegenüber verantwortlich. Die hatte ja die Fächer schließlich auch gebaut. Marlies hat aber nie etwas gesagt, obwohl sie gesehen hatte, daß einige Fächer zerstört waren.

Die Erzieherinnen hatten in unserem Beispiel ein *umfassendes* Verständnis von Verantwortung: einmal überlassen, bestehe sie *immer* und *vollständig*. Aus einer solch unerfüllbaren Verantwortung stiehlt sich aber jeder heraus. Dieselben Erzieherinnen haben versäumt, sich

Gedanken über folgende Fragen zu machen: Wie müssen sich die Kinder konkret verhalten, um dieser Verantwortung gerecht zu werden? Was könnte sie daran hindern? Bis wohin reicht sie genau? Besitzen alle Kinder gleichermaßen die Fähigkeit, die Verantwortung für Schlüssel und Fach in vollem Maße zu übernehmen? Wie würde jedes einzelne Kind seine Verantwortung beschreiben: Wem gegenüber? Was muß ich konkret dafür tun? Was sollen mir andere abnehmen? Mit dem Ziel, die Kinder an Erfolgen lernen zu lassen, brauchen welche Kinder von uns welche Art von Unterstützung?

Und zuletzt: Zu einem bestimmten Zeitpunkt besaß *niemand* mehr die Verantwortung für die Fächer. Auch von den Erzieherinnen ging ein Signal von „Das hat sowieso keinen Zweck mehr" aus.

Das Beispiel sollte zeigen, wie kompliziert das Wechselspiel zwischen Freiheit und Verantwortung im allgemeinen und zwischen Kindern und Erwachsenen im besonderen ist.

Den Kindern das Wort zu geben, also kindzentriert zu denken und zu handeln, bedeutet in diesem Zusammenhang:

- In andauernden *Veränderung*sprozessen
- mit Kindern *gemeinsam*,
- auf nur jeweils *konkrete* Situationen bezogen
- und *individuell* zugeschnitten
- auszuhandeln,
- wo die Grenzen der Freiheit liegen,
- und wer wem gegenüber
- bis wohin verantwortlich ist.

Kinder sollten gefragt werden, welche Verantwortung sie übernehmen können und wollen. Dies ist eine sehr schwierige Aufgabe, verlangt sie doch einerseits viel Mut zur Freiheit und andererseits den beständigen Dialog mit den Kindern bezüglich des Rahmens, der die unterschiedlichen Interessen ausbalanciert.

Freiheit, wie sie Freinet-Pädagogen verstehen, ist keine universelle Freiheit. Sie ist gekoppelt an Verantwortung. Es ist vor allem die *Freiheit der Entscheidung*. Die Aufgabe der Erzieherinnen liegt hier darin, den Kindern immer mehr Entscheidungsspielräume zu öffnen. Können Kinder in jeweils konkreten Situation wirkliche Entscheidungen treffen, d. h., *werden sie gefragt*, übernehmen sie auch leichter dafür Verantwortung.

Dazu ein Zitat des Psychologen Viktor E. Frankl:

> *„Furchtbar ist es: zu wissen, daß ich in jedem Augenblick die Verantwortung trage für den nächsten; daß jede Entscheidung, die kleinste wie die größte, eine Entscheidung ist ‚für alle Ewigkeit' … Doch herrlich ist es: zu*

*wissen, daß die Zukunft, meine eigene und mit ihr die Zukunft der Dinge, der Menschen um mich, irgendwie – wenn auch in noch so geringem Maße – abhängig ist von meiner Entscheidung in jedem Augenblick.*"[12]

Ein wesentliches Qualitätsmerkmal von Freinet-Einrichtungen ist die Vielfalt konkreter Handlungs- und Entscheidungsspielräume für Kinder. Solche Kindertageseinrichtungen sind generell offen. Mit Ausnahme privater Bereiche (wie den Eigentumsfächern) ist alles für jeden zugänglich.

Das ist nur zu verwirklichen, wenn sich Kinder grundsätzlich überall *ohne Erwachsene* bewegen können. Für einige unvorstellbar findet man konsequenterweise in Freinet-Einrichtungen 4jährige alleine in der Holzwerkstatt, werden 7jährige zum Einkauf in den nahen Supermarkt geschickt, halten sich auch noch jüngere Kinder ohne Erwachsene über längere Zeiträume hinweg auf dem Außengelände auf. Ältere Kinder können Einrichtungen auch verlassen. In diesem Fall sind Erwachsene zwar informiert, die Kinder treffen aber selbst die Entscheidung. Grundsätzlich haben Kinder auch das Recht „Nein" zu sagen. Wir sagen grundsätzlich, weil Entscheidungsfreiheit selbstverständlich mit der Entwicklung der Kinder erst nach und nach zunimmt und Freiheiten innerhalb eines sozialen Gefüges nicht willkürlich in Anspruch genommen werden können.

Dennoch muß *zuerst* die Freiheit betont werden, bevor wir den Blick auf die Verantwortung richten. Freiheit ist Voraussetzung für Verantwortung! Denn, *„als ich Gefangener war in deinem Hause und die Türen verschlossen waren, plante mein Herz ständig zu fliehen. Jetzt, da du die Türen und Fenster geöffnet hast, bleibe ich. Mit meiner Freiheit hast du mich gebunden.*"[13] Wir gehen im folgenden Kapitel näher darauf ein, auf welche Weise Kinder in der Freinet-Pädagogik lernen, sich frei, selbständig und eigenverantwortlich zu bewegen, und wie sie darin von Erwachsenen unterstützt werden.

Auf vielerlei Arten gehen Kinder in Freinet-Einrichtungen eigenverantwortlich mit ihrer Freiheit um:

In GRUPPENBESPRECHUNGEN, im KINDERRAT, in WERKSTATT- oder FINANZRÄTEN entscheiden Kinder über alle möglichen Angelegenheiten des Zusammenlebens im Alltag. Sie fassen Beschlüsse und führen darüber Protokolle. Was Kinder im Kinderrat machen, beschreiben sie selbst als *„Regel erfinden, Geld ausgeben und Besprechungen machen.*"

---

[12] Frankl 1987, S. 114

[13] Rabindranath Tagore, zitiert aus: Reifarth / Scherpner 1993³, S. 61

Richtig interessant wird das dann, wenn auch Regelverletzungen von Erwachsenen durch Kinder geahndet werden, wie die folgende Begebenheit aus dem Jahre 1987 veranschaulichen soll: Gabi (10) und Michael (8) haben einen Zettel mit folgendem Text an die Wandzeitung des Kinderrats gehängt: *„Ich finde schlecht, daß Uli nicht anruft. Gabi und Michael."* Uli, Erzieher in der Gruppe hatte einen Ausflug geplant, wurde krank und hat versäumt, sich rechtzeitig zu melden, damit die Gruppe etwas anderes unternehmen kann. Der Beschluß des Kinderrates lautete: *„Uli muß wieder gut machen, daß wegen ihm ein Ausflug ausgefallen ist. Er muß ihn mit uns an einem Samstag nachholen, damit auch für ihn ein schöner Tag ausfällt."* Uli hat lange verhandeln müssen und sich dann – zur Freude der Kinder – doch auf einen Samstag (mit Überstundenausgleich) eingelassen.

Was Kinder die Woche über oder an einem bestimmten Tag tun wollen, planen und entscheiden sie selbst. Wie bei Freinet steht die Kindertageseinrichtung *„mitten im Leben und wird bestimmt von den vielen und artverschiedenen Beweggründen dieses Lebens. Die Kinder haben die Möglichkeit, aus dem reichen Bestand des von uns Angebotenen frei nach Belieben auszuwählen."*[14]

In der Tageseinrichtung planen Kinder mit Hilfe des WOCHENPLANS, der auch von Erwachsenen benutzt wird. Wir beschreiben ihn an anderer Stelle.[15]

Der Freinet-Pädagogik für die Schule ist die ARBEITSBESPRECHUNG entlehnt. In der Schule legen Kinder gemeinsam mit dem Lehrer am Montag ihre wöchentlichen Arbeitsvorhaben fest. In der Kindertageseinrichtung geschieht dies ebenfalls am Wochenanfang, wenn auch mit ganz anderen Vorzeichen. Die Teilnahme ist vollkommen freiwillig, nicht jedes Gruppenmitglied muß eine Aufgabe übernehmen. Es werden überhaupt nur die Vorhaben beschlossen, für die sich Verantwortliche finden. Das sind z. B.: *„Alt-Glas wegbringen"* – *„Stifte spitzen"* – *„Podest abkehren"* – *„Staub im oberen Fach des Regals in der Ecke wischen"* – *„Jutta nach ihrem Urlaub alles Neue erklären"* – *„Tortenboden für Mittwoch backen"* – *„Der Maria sagen, daß der Papiercontainer geleert werden muß"* – *„Kerzen wieder auf ihrem Ständer befestigen"*.

Natürlich gibt es auch verschiedene ÄMTER oder DIENSTE. Wir halten dies jedoch für ein schwieriges Kapitel, verbergen sich in der Praxis dahinter doch allzu oft die Interessen und Vorstellungen der Er-

---

[14] Freinet 1979², S. 89

[15] vgl. S. 111 f.

| Arbeitsaufträge | Name | erledigt |
| --- | --- | --- |
| Glasieren | V. Leo-Izabela o<br>Anja - Otto c<br>Hülya - Wilma | ● |
| Küchenecke fertig machen | Natascha<br>Jutta | ● |
| Alt-Glas wegbringen | Alexe-Patrick<br>Patrick-Valentina | ● |
| Malen | Leo<br>Nusat | ● ● |
| Stifte spitzen | Patrick F.<br>Hülya | ● |
| Holz abkehren | Anja<br>Hülya | ● ● |

Protokoll einer Arbeitsbesprechung. Nur, wer etwas übernehmen will, tut das. Wer seinen Arbeitsauftrag erfüllt hat, klebt einen Punkt in die Spalte „erledigt".

wachsenen. Üblicherweise finden sich das Tischamt, das Blumenamt oder der Putzdienst.

Das Problem daran ist, daß solche Ämter zu unspezifisch sind und in der Regel auch nicht freiwillig übernommen werden. Uns gefallen solche Ämter besser, die konkret beschreiben, was zu tun ist und die einen eingeschränkten und wirklich zu bewältigenden Umfang haben. Außerdem ist es sinnvoll, daß *jeder* ein Amt ausübt, die Erwachsenen eingeschlossen. Gerade die Erwachsenen sollten dienende Ämter übernehmen oder solche, die unbeliebt sind. Kinder helfen ihnen gerne dabei, spüren aber sehr wohl, wenn Erzieherinnen die ungeliebten Aufgaben aus pädagogischen Erwägungen heraus auf Kinder verteilen.

Im übrigen gilt hier wie bei *allen* Techniken und Arbeitsmitteln: Vorsicht vor Perfektionismus! Kinder üben erst! Für sie ist alles neu! Das betrifft jeden Bereich des Zusammenlebens. Deshalb auch der Grundsatz: Wenn sich *nichts* verändert, stimmt etwas nicht! Für Ämter mag das, wie für Regeln, ganz besonders gelten.

So hat, um ein Beispiel zu nennen, in einer Gruppe der „Tischdienst“ im Laufe der Jahre die folgenden Formen angenommen: Zunächst existierte der „Tischdienst“, wie wir ihn alle kennen. Er umfaßte die Aufgaben: Essen holen, hinstellen, abdecken, wegbringen, Tisch abwischen. Im täglichen Wechsel waren jeweils zwei Personen zuständig. Dann wurde daraus ein „Tagesamt“. Drei Kinder und ein Erwachsener bedienten die ganze Gruppe einen Tag lang. Später gliederte sich das auf in ein „Essensamt“ (Essen holen und wegbringen), ein „Wischamt“ (Tisch abwischen), und ein „Deckamt“ (Tisch dekken), für alle jeweils eine Person zuständig. Nun erfanden die Kinder immer mehr Ämter um das Essen herum. Das „Serviettenamt“ war zuständig für immer wieder neue Serviettenkreationen. Das „Bestimmeramt“, besonders beliebt und nur gelitten, weil es eben jeder einmal innehatte, legte mit Tischkärtchen fest, wer an welchem Platz sitzen sollte. Als besonders einfallsreich empfinden wir das „Stuhlamt“ und das „Fußbodenamt“. Weil es immer wieder vorkam, daß Essensbrokken auf Stühle und Fußboden fielen, fanden es die Kinder sinnvoll, auch dafür entsprechende Ämter einzurichten.

Erst, wenn Kinder selbst Ämter und Dienste erfinden, sie ausprobieren, wieder verwerfen, wieder neu entdecken oder austüfteln und auch Erwachsenen zuweisen können, entscheiden sie selbst über die Form der Verantwortung, die sie übernehmen können und wollen. Im übrigen ist dies ein äußerst spannender, weil kreativer Prozeß voller Überraschungen.

Neue Ideen und Veränderungen werden oft auch im Rahmen des täglichen Feedbacks gefunden. Die Frage, wie es heute war, was uns gefallen hat und was nicht, beantworten manche Gruppen mit ihren TAGEBÜCHERN. Sie dienen dem Dialog. Aber auch für sie gilt: Ob es überhaupt etwas und wenn, wieviel und was das einzelne Kind dazu beitragen möchte, ist absolut freiwillig. Und: Das Tagebuch spiegelt *nicht* den ganzen Tag wieder, sondern nur, was den Teilnehmenden im Moment wichtig genug dafür erscheint, festgehalten zu werden.

Erwachsene sprechen gerne davon, Kinder zur Übernahme von Verantwortung zu erziehen. Seltener betrachten sie ihr eigenes Verantwortungsgefühl kollegial und kritisch im Team. Auch sie müßten jedoch lernen, genauer hinzusehen und ihren Verantwortungsbereich differenzierter auszuformulieren. Was erwarten z. B. die anderen Teammitglieder von der einen Kollegin, die für den Materialtraum zuständig ist *genau*? Was ist beispielsweise notwendig, daß diese Kollegin ihrer Verantwortung gerecht werden *kann*? Auch unter Erwachsenen wird meist noch zu schnell bewertet und zu wenig geprüft.

Klar ist, daß Kinder und Erwachsene in der Kindertageseinrichtung in unterschiedlichem Maß Freiheiten genießen und Verantwortung tragen. Die Aufsichtführung verlangt, daß Erwachsene Kinder vor nicht kalkulierbaren Gefahren schützen. Das setzt, besonders bei jüngeren Kinder, voraus, daß Erwachsene bestimmte Grenzen setzen. Grundsätzlich sollte aber keine Grenze tabu sein. Auch hier geht es darum, im Dialog mit den Kindern auch den scheinbar notwendigerweise begrenzten Raum schrittweise zu öffnen. Wer eine solche Haltung lebt, wird überrascht sein von dem verantwortungsvollen Umgang mit Grenzen und dem Erfindungsreichtum der Kinder, wenn es um grenzsetzende Regelungen geht.

Fragen wir noch danach, wie sehr Erwachsene wirklich bereit sind, Kindern Verantwortung für sich selbst, ihren Alltag, ihre Umgebung und für andere zu überlassen, stoßen wir ebenfalls auf einen häufig unreflektierten Aspekt der Interaktion zwischen Erwachsenen und Kindern. Wie oft lassen wir z. B. durch schnelle Ratschläge gar nicht zu, daß Kinder über die besondere Form ihrer Verantwortung nachzudenken beginnen. Was noch schlimmer ist, unser Signal in jedem Ratschlag, jeder Bewertung und jeder Berichtigung ist doch: *„Du kannst für diese konkrete Situation noch gar keine Verantwortung tragen. Ich weiß das besser als du."*

Immer, wenn wir uns einmischen, nehmen wir Kindern Verantwortung weg. Für Kinder wird auf diese Weise folgendes zur Gewißheit:

Erwachsene wissen sowieso alles besser. Warum sollen diese dann nicht auch die volle Verantwortung dafür tragen?

Was dabei schwer wiegt, ist die Tatsache, daß Kinder, denen selten Verantwortung für ihr Tun überlassen wird und die darin wenig unterstützt werden, auch kaum Gelegenheit haben, sich darin zu üben. Als Freinet-Pädagoginnen wissen wir aber, daß alles Lernen den Weg über Entdeckungen, Übungen und einem sich Herantasten geht. Dies trifft in vollem Umfang auch auf den Umgang mit Freiheit und Verantwortung zu!

Am Schluß dieses Kapitels sollen vier Qualitätsmerkmale helfen, den Entwicklungsraum Kindertageseinrichtung auf die Prinzipien Freiheit und Verantwortung hin abzuklopfen:

- Wie offen und frei ist unsere Einrichtung? In welchem Umfang besteht freier Zugang zu Räumen und Material? Wie frei sind die Kinder in der Auswahl ihrer Tätigkeiten?
- In welcher Form werden Entscheidungen getroffen? Wie sind Kinder daran beteiligt? Wieviel entscheiden Erwachsene an Stelle von Kindern? Wieviel Verantwortung für sich selbst überlassen wir Kindern?
- Wie flexibel sind Regelungen und Regeln? Verändern sie sich überhaupt, oft oder beständig? Wie individuell zugeschnitten sind unsere Regelungen und Verantwortlichkeiten?
- Differenzieren wir Erwachsenen untereinander selbst unsere Verantwortungsbereiche in ausreichendem Maße?

## *3.3. Kinder wissen, was sie können! – Selbständigkeit und Kompetenz*

Drei Alltagsszenen aus einer Kindertageseinrichtung:

- Im Büro sitzen drei Kinder im Alter zwischen fünf und sieben Jahren und machen „Telefondienst“. Gespannt hoffen sie darauf, daß das Telefon läuten möge. Um für diesen Fall gut vorbereitet zu sein, haben sie vor sich einen Zettel auf dem Tisch zurecht gelegt. Janine, die älteste, hat ihn entworfen. Säuberlich in zwei Spalten getrennt erscheinen dort je fünf mal untereinander die Wörter „Name“ und „Tele“. Janines Erklärung lautet: *„Wenn jemand anruft, muß Kathrin den Hörer abheben, ich schreibe den Namen und die Nummer auf meinen Zettel, und Dennis rennt los, um die Erzieherin ans Telefon zu holen.“*

„Telefondienst"

Der Zettel bedeutet:
„Das Büro ist nicht besetzt.
Telefondienst haben:
Menekse, Stefanie,
Alexander, Valeska

- Die dreieinhalbjährige Leonie balanciert auf den schmalen Grad einer Betonmauer auf dem Außengelände der Einrichtung – in gut 1,60 m Höhe. Dabei muß sie ihre Beine vorsichtig nacheinander um einen Strauch herum bewegen, dessen Äste über die Mauer hängen. *„Ich mach das alleine"*, verkündet Leonie dabei. Dabei ist es noch gar nicht so lange her, daß sie an dieser Stelle manchmal nach der Hand der Erzieherin gerufen hat, um so gestützt weiter gehen zu können. Zwei Monate vorher war sie stets an der gleichen Stelle umgekehrt.
- Ebenfalls im Außengelände dieser Einrichtung befindet sich eine Holzhütte, deren Dach erklettert werden kann. Dort oben halten sich ausschließlich Kinder zwischen fünf und sieben Jahren auf, keine älteren, keine jüngeren. Zwei und Dreijährige zeigen noch kein Interesse für das Abenteuer „Dach". Vierjährige klettern zwar schon mal den Zaun hoch, über den man auf das Dach gelangen kann, aber nicht weiter. Neunjährige reizt dieses Dach schon lange nicht mehr.

Tastende Versuche

Bild 1: Uhr

Bild 2: Auch eine Uhr

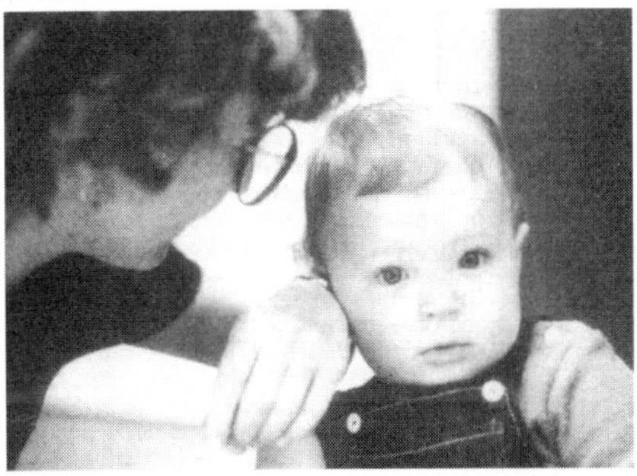

Bild 3: Die Uhr tickt

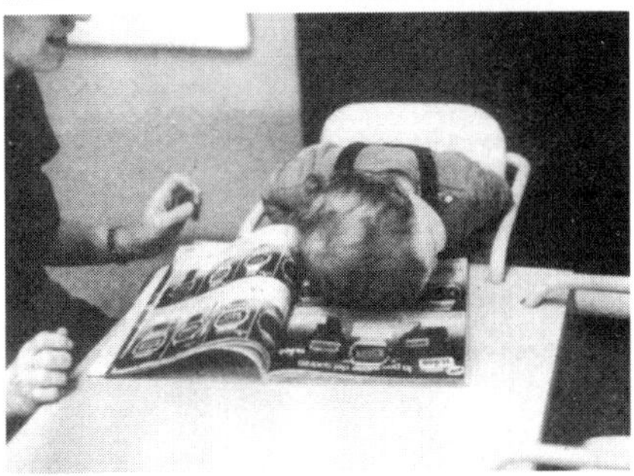

Bild 4: Tickt die andere auch?

In allen drei Situationen waren Erwachsene nicht anwesend. Wir haben dazu eine Erzieherin befragt. Wir wollten wissen, ob sie denn nicht befürchte, Kinder könnten sich ohne die Anwesenheit von Erwachsenen eventuell überschätzen und sich dadurch in Gefahr begeben. Ihre Antwort war so einfach wie einleuchtend: „*Die Kinder wissen doch selbst am besten, was sie können.*" Und dann doch noch etwas erklärender:

> „*Wir haben beobachten können, daß Kinder sich anders verhalten, wenn wir Erwachsenen uns nicht in ihrer Nähe aufhalten. In solchen Momenten gelingt es fast allen Kindern, ihre Wünsche und Ziele mit ihren Schutzbedürfnissen und Ängsten in Einklang zu bringen. Das heißt, sie trauen sich nur so viel zu, wie sie im Augenblick auch schaffen können. Sie entwickeln ein Gefühl für ihren nächsten Entwicklungsschritt. Nicht mehr und nicht weniger. Und, je öfter die Kinder sich dabei auf sich selbst verlassen dürfen, desto sicherer werden sie in der Beurteilung ihres eigenen Vermögens.*"[16]

So sei zum Beispiel auch zu erklären, daß noch keine Zweijährigen probierten, auf das Hüttendach zu gelangen oder Telefondienst zu machen. Dies liege einfach noch nicht im Bereich ihrer *nächsten* Entwicklung. Auch, daß Neunjährige immer weniger Interesse an Kletterbäumen oder heimeligen Buschhöhlen zeigen, wäre damit erklärbar. Für sie liegen diese Ziele eben schon in Bereichen früherer Entwicklungen und böten wenig Anreiz zu neuen Entdeckungen.

Wichtig sei aber, so unsere Erzieherin, daß die Erwachsenen die Kinder weder bei deren tastenden Versuchen behindern noch ihnen ihre eigene Erfahrungen abnehmen. Behindern würde beispielsweise die dauernde Anwesenheit der Erwachsenen. Andererseits würden Kinder aufhören, auf die eigenen Grenzen zu achten, würden Erwachsene an ihrer Stelle regelnd oder helfend eingreifen: „*Deshalb würde ich den kleinen Johannes auch nicht auf die Mauer heben, wenn er mich darum bitten würde. Ich würde ihn jedoch ermuntern, selbst hinauf zu klettern und ihn natürlich dabei kräftig anfeuern.*"

Jede Erzieherin kennt solche Situationen. Kinder probieren ihre Kräfte aus und sprühen vor Glück, wenn ihnen etwas gelingt. Sie ha-

[16] Freinet beschreibt diesen Vorgang besonders anschaulich am Beispiel seiner Tochter Balouette (Freinet 1994, S. 10ff.). Dort zeichnet er auch nach, wie sich Balouette immer wieder selbst „Stützpunkte" einrichtet, auf denen sie sich sicher fühlt, bevor sie den nächsten Schritt ins Unbekannte wagt, oder auch gleichzeitig damit. Balouette, so schreibt Freinet halte sich ohne Anleitung von außen ganz von selbst an das alte französische Sprichwort: „*Nicht mit den Händen loslassen, bevor man nicht Boden unter den Füßen hat.*" *(S. 27)*

ben dann das Gefühl, für sich selbst stehen zu können. Der zweijährige Mehmet wird, wenn man ihn läßt, so lange versuchen, den im Winter vereisten Hügel hinaufzugelangen, bis er das Problem gelöst hat. „*Durch Selbsttätigkeit wird aller Bildungserwerb erzielt.*“[17], schreibt Freinet. Das klingt wie eine Binsenweisheit und ist dennoch der Schlüssel allen Lernens. Jeder von uns weiß noch aus eigener Erfahrung, daß niemand uns das Fahrrad-Fahren „erklären“ konnte. Wir mußten es selbst ausprobieren, fielen hin, hatten aufgeschlagene Knie und haben es dennoch wieder und wieder versucht, solange, bis wir es konnten. Oder: Wer bringt Kindern eigentlich das Sprechen bei? Und stellen wir als Erwachsene nicht fest, daß es Bereiche gibt, die wir Kindern nicht zeigen oder erklären können, weil wir uns darin selbst zu unsicher sind? Und ist es nicht so, daß Kinder (vielleicht gerade deshalb) sich auch ohne unsere Hilfe voran tasten und uns sogar manchmal überholen? Wer das nicht glaubt, soll sich einmal von einem Zehnjährigen in das Internet oder den Umgang mit Mailboxen einführen lassen.

Selbst-Ständigkeit wächst. Alle Kinder wünschen sich davon so viel wie möglich. Das Ausmaß ihrer Unabhängigkeit und Wahlfreiheit nimmt beständig zu. Wenn Erwachsene Kinder tasten und probieren lassen – und nur dann! –, entwickeln sich bei ihnen alle Voraussetzungen, die für eine selbständige Lebensführung notwendig sind:

- Ich traue mir selbst etwas zu.
- Ich weiß, daß andere mir etwas zutrauen.
- Ich habe eine adäquate Vorstellung von meinen eigenen Fähigkeiten und Grenzen. Ich schätze meine Kräfte richtig ein.
- Bei der Suche nach Lösungen bin ich kreativ. Ich habe genug Erfahrung darin, selbst nach Lösungen zu suchen.

Freinet selbst organisierte einen Unterricht mit sehr weitgehenden Entscheidungsfreiheiten. Nicht nur, daß Kinder selbständig auswählen konnten, was sie wann in welcher Form arbeiten wollten, auch in der Beurteilung der eigenen Leistungen gestattete Freinet den Kindern einen großen Entscheidungsspielraum.

Freinets Nachfolger sind noch Schritte darüber hinaus gegangen. Ein besonderer Vertreter sehr weitgehenden Vertrauens in die Selbständigkeit der Kinder ist Paul Le Bohec. In seinem Mathematikunterricht machen die Kinder bereits im ersten Schuljahr mathematische Erfindungen.[18] Er und die Lehrerin Michele Le Guillou haben anhand

---

[17] Freinet 1979², S. 16
[18] Le Bohec 1994

von mehreren hundert freien Texten und Zeichnungen auch nachweisen können, wie Kinder ganz selbständig mit Hilfe des freien Ausdrucks Problembewältigung betreiben.[19] Mit tiefem Respekt vor diesen kindlichen Leistungen warnt Paul Le Bohec darin immer wieder auch vor zu schnellen Deutungsversuchen und Einmischungen durch Erwachsene. Er schreibt: „*Der Wunsch, sich frei auszudrücken, ist enorm groß. Aber dies gilt in gleichem Maße für das Bestreben nach Sicherheit.*“[20] Deshalb vergehe viel Zeit, bis Kinder sich Erwachsenen gegenüber wirklich frei auszudrücken begännen und davon überzeugt seien, daß diese ihr Tun tatsächlich vorbehaltlos respektieren.

Wie gewinnen wir nun als Erwachsene unsererseits Vertrauen in die Selbständigkeit der Kinder? Was verhilft uns zu der Sicherheit, daß Kinder Akteure ihrer eigenen Entwicklung sein können?

Das Dilemma besteht in folgendem: Wenn wir Kindern wenig zutrauen, lassen wir sie nicht unbeobachtet und ihr Tun nicht unbewertet. Dadurch verhindern wir, daß unser Zutrauen in sie wächst, denn wir *erleben* niemals, wie sich die Kinder ohne unmittelbare Beobachtung verhalten würden. Die Kinder können sich übrigens selbst auch gar nicht darin üben, wenn sie dazu keine Gelegenheit haben.

Wir müssen also mit einem Vertrauensvorschuß und vielen Ideen arbeiten. Es bleibt uns Erwachsenen gar nichts anderes übrig, als Kindern Freiheit zu gewähren, wenn wir feststellen wollen, wie sie damit umgehen! Wir können sie dabei, um nicht aufdringlich zu sein, aus der Ferne beobachten. Die Erfahrung zeigt, daß Kinder uns von ganz alleine ihre Grenzen mitteilen.

Um unser Vertrauen in das selbständige Handeln von Kindern zu erhöhen, können wir diese selbst um Rat fragen. Kinder wissen meistens am besten Bescheid, was ihre Selbständigkeit behindert oder wo Gefahren lauern.

Wir kennen aus Kindertagesstätten, die sich an der Freinet-Pädagogik ausrichten, unter anderem die folgenden Formen:

- Kinder sind „GEFAHRENDETEKTIVE“. Sie stöbern selbst Gefahren auf und machen Vorschläge zu ihrer Beseitigung oder Verminderung. Dabei betätigen sie sich auch als „Regelerfinder“. Zum Beispiel gibt es die Regel, daß nur auf den Kletterbaum darf, der auch ohne fremde Hilfe hinauf kommt. Einfach und wirkungsvoll!
- Kinder führen Erwachsene regelmäßig durch „ihren“ Lebensraum. Sie machen auf Mißstände ebenso aufmerksam wie auf Gefahren.

[19] Le Bohec / Le Guillou 1993

[20] Ebd. S. 83

Abmeldetafel eines 7jährigen

Diese FÜHRUNGEN haben einen festen Platz im Alltag der Einrichtung. Was dabei beschlossen wird, ist für Erwachsene bindend. Kinder haben z. B. ein Loch im Maschenzaun an einer unzugänglichen Stelle viel schneller entdeckt als Erzieherinnen. Verantwortungsbewußt haben sie darauf hingewiesen, daß ganz kleine Kinder durch dieses Loch an einen sehr steilen Abhang gelangen könnten.

- Kinder (und Erwachsene) führen ein REPARATURBUCH. Sie tragen ein, was repariert werden muß (Bild oder Schrift) und überlegen gleich, wer das machen könnte. Vieles versuchen sie selbst.
- Um nicht immer wieder fragen zu müssen, besitzen Kinder (und Erwachsene) sogenannte ABMELDETAFELN. Wer die Gruppe verlassen will, muß sich nur „umhängen". Die Tafel enthält diejenigen Ziele, die für das einzelne Kind wichtig sind. Auf den Tafeln älterer Kinder tauchen auch Ziele wir „Hertie", Kiosk" oder andere Orte außerhalb der Einrichtung auf.
- Erzieherinnen füllen etwa zwei bis dreimal jährlich ein SELBSTÄNDIGKEITSRASTER aus. Hier werden einmal alle Tätigkeiten und Orte festgehalten, wo Erwachsene kaum noch gebraucht werden und zum anderen diejenigen, die Kindern noch nicht selbständig zugänglich oder erlaubt sind. Das ist dann gleichzeitig Programm: Wie können wir Kindern helfen, auch hier mehr Unabhängigkeit von uns Erwachsenen zu erlangen?

Kindern zu mehr Unabhängigkeit und Selbständigkeit zu verhelfen, ist nicht möglich ohne den Dialog mit ihnen. Zwar helfen uns die Erkenntnisse der Entwicklungspsychologie, um besser zu verstehen, warum sich Kinder auf den verschiedenen Entwicklungsstufen so unterschiedlich verhalten. Die konkrete Form eines Selbständigkeit zulassenden und dazu anregenden Lebensraums müssen wir aber im Dialog mit den Kindern selbst finden.

Es hilft uns sehr, wenn wir uns beispielsweise in das Zeitempfinden drei bis vierjähriger Kinder hineinversetzen können, die ganz in der Gegenwart leben. Wenn wir zusätzlich etwa durch J. Piaget[21] wissen, daß diese Kinder noch keine Vorstellung davon haben, daß Zeit etwas von unserem Willen Unabhängiges und in bestimmten Intervallen Meßbares ist, dann brauchen wir sie auch nicht, nur um ein einziges Beispiel zu nennen, unablässig daran zu erinnern, daß es noch 5 oder 10 Minuten dauert, bis das Essen auf dem Tisch steht. Denn dann wissen wir, daß diese Maßeinheit für diese Kinder noch gar nicht vorstellbar ist.

---

[21] Piaget 1974

In diesem Fall müssen wir uns mit ihnen selbst auf die Suche nach Hilfsmitteln begeben: Was könnte geeignet sein, um sie an bestimmte Zeitpunkte zu gewöhnen oder zu erinnern? Auf diese Weise sind unter anderem entstanden:

- die Benutzung von verschiedenen Musikinstrumenten als Zeichen für den Beginn verschiedener zeitlich festgelegter Aktivitäten: Trommel für das Mittagessen, Triangel für Hausaufgaben, Gitarre für Gruppenbesprechung usw.;
- andere sinnlich erfahrbare Signale: „*Wir essen, wenn der Magen uns daran erinnert.*" – „*Wir machen eine Kette: ich rufe den Christian, Christian ruft die Laura, Laura ruft die Leonie usw.*" – „*Wenn es danach riecht, essen wir bald.*" (Mit dem Ergebnis, daß die Kinder ständig „riechen gehen");
- das Amt eines Ausrufers: Der Ausrufer ruft eben aus, was gerade ansteht;
- zeitlich gestreckte Zeiträume für den Beginn einer Aktivität,
- oder andere Erinnerungsstützen.

Alle diese Formen helfen den Kindern, *auf ihre Weise* selbständig handeln zu können und ein Stück mehr Unabhängigkeit von Erwachsenen zu spüren.

In ähnlicher Weise nahmen Kinder auch Einfluß auf die Wochenpläne. Erwachsene meinten, sie müßten nur die fünf Tage umfassen, die die Kinder in der Einrichtung verbringen. Kinder protestierten, die Woche würde immer enden, wenn sie am Wochenende mit Papa und Mama etwas machen würden. Seither sind auf den Wochenplänen alle sieben Tage und eben auch das, was für Kinder am Wochenende wichtig ist, zu finden.

Im Laufe der Jahre wurden eine Fülle unterschiedlicher Möglichkeiten selbständigen Handelns für Kinder aller Altersstufen entwikkelt:

- Die DOKUMENTENSAMMLUNG oder NACHSCHLAGEKISTE,
- ABMELDETAFELN,
- WOCHENPLANUNG,
- ARBEITSBESPRECHUNG,
- WERKSTATTDIPLOME,
- eine RAUMGESTALTUNG mit Kinderaugen und *ihren* Bedürfnissen angepaßt.

Vor allem in dem, was Kinder im Alltag ohne Erwachsene tun, kann man ablesen, wie selbständig sie sein dürfen:

- Können sie jederzeit den Gruppenraum verlassen?
- Können sie jederzeit in einer Werkstatt arbeiten?

- Können sie alle Räume der Kindertageseinrichtung auch ohne Erwachsene benutzen?
- Können sie z. B. ihre Freunde einladen, ihr eigenes Spielzeug mitbringen, die Hausaufgaben machen, wenn *ihnen* danach ist, Flohmärkte veranstalten, eine Feuerstelle benutzen, das Telefon, die Waschmaschine, die Küche oder den Staubsauger? Wie frei zugänglich sind Sportgeräte? Wie groß ist der frei erreichbare Raum auch außerhalb der Kindertagesstätte? Hat jedes Kind (vor allem Schulkinder) einen Platz, den es alleine gestalten kann, der für alle anderen tabu ist? Gibt es öffentliche Beschwerden, Suchanzeigen, Mitteilungen, Anschläge oder ähnliches von Kindern?

Um all dem auf die Spur zu kommen, hilft es manchmal, die ganze Einrichtung unter dem Aspekt zu betrachten: Wie frei und selbständig kann ich mich als Kind hier bewegen?

## *3.4. Das Wunderbare der Entdeckungen! – Produktivität und Selbsttätigkeit*

In einer Kindertageseinrichtung findet anläßlich einer Feier eine Ausstellung statt. Eingeladen haben die Kinder. Sie zeigen, was sie in den verschiedenen Werkstätten hergestellt haben. Zu sehen sind unter anderem:

- aus der *Holzwerkstatt*: ein Fünffachschwert, ein beweglicher Hinweiser, Sophias schöner Stab, eine Sitz-Stuhl-Klapp-Maschine, ein Propeller-Segel-Doppel-Boot, ein Weihnachtsbaum mit viel Lametta dran, ein Nord-Süd-Flugzeug, ein Schmuseholz, Meister Eders Sternguckerbank und ein Lenkschiff mit Schnur
- aus der *Töpferei*: ein Mützendrache, zwei Rouladen in Soße – die eine mit, die andere ohne Gurke, E.T., der Außerirdische, Hedwig wie sie guckt, ein Nasenpopler, ein verliebter Mond, eine Weltkugel und ein Grunz-Grunz
- aus dem *Handarbeitsatelier*: viele schöne bunte Taschen, eine Tasche in der Tasche, der Teufel und seine Großmutter, ein Meeresuntergang, zwei Federhalter, die Federn halten und der schönste Wandteppich der Welt
- aus dem *Künstleratelier*: Ein Wohnzimmer mit Bad im Schuhkarton, eine Klobrille mit Ziehhahn dran, zahlreiche Memoryspiele und Bilder mit Geschichten wie etwa dieser: *„Das ist ein Zirkus. Da ist die Dame und der Mann, die führen etwas mit dem Kamel vor. Das Kamel hat*

*Masern, und die Zuschauer sind so klein, weil sie so weit hinten sitzen. Das Kamel ist traurig.*"

- aus der *Druckerei*: Geschichten mit Titeln wie: „*Freiheit für die Erde oder Die schrecklichen Marsbewohner.*" – „*Weihnachtsfeier*" – „*Der Hund geht alleine spazieren*" – „*Eine Geschichte über einen Vampir*" – „*Eine giftige Schlangenbande versucht, einen Saurier zu umzingeln.*" – „*Mein Tag – Er war so schön.*"

Die Werkstatträte stellen sich vor, einige Exponate werden verkauft. Manche kosten DM 1,– manche „drei Geld und ein Papier". Außerdem veranstalten die Kinder einen Flohmarkt. Dort sind zu haben: Marianos „Einkaufszettel", Taifuns „Monster", praktische Karten für junge Verliebte, Witzebücher, Geschichten- und Malbücher.

Was sich hier offenbart, ist zum einen, daß Kinder, sofern man sie läßt, ungeheuer produktiv, erfinderisch und kreativ sein können und zum anderen über ihren freien Ausdruck so enorm viel über sich selbst nach außen zu bringen bereit sind. Solche Produkte entstehen aber nicht ohne weiteres von alleine.

Paul Le Bohec schreibt dazu:

> „*Man muß sehen, daß bis heute wenige Leute Zugang zu einem echten freien Ausdruck von Kindern haben. Und wenn man die Absicht hat, die schöpferische Freiheit zu erweitern, sollte man sich darauf einstellen, einen solchen Ausdruck zu akzeptieren; denn er blüht auf, sobald ein Minimum günstiger Bedingungen zusammentrifft … Aber im allgemeinen hindert* (sie) *die Zensur* (ihrer) *sozialen Umgebung daran.*"[22]

Le Bohec bezeichnet als Minimum: sehr viel Zeit, Werkzeug, Raum, Aufmerksamkeit, Respekt, Freiheit und die Bereitschaft, Kinder vor den Deutungen und Bewertungen durch Erwachsene zu schützen. Unter solchen Bedingungen könnten Kinder ihre „*spezifische Sprache*"[23] finden. Produktiv sein, gestalten können und selbsttätig sein, hat zwei Seiten. Einmal treten Kinder damit auch ganz praktisch in Kontakt zu ihrer Umwelt. Sie wirken in ihrem Sinne verändernd darauf ein. Entweder findet ihr Produkt unmittelbar Eingang in den Alltag. So z. B. wenn sie Hasenställe bauen, Mitteilungen aushängen oder eine Höhle im Gebüsch wohnlich einrichten und mit einem Plakat zum Besuch einladen: „*Höhle ist offen.*" Oder sie verändern ganz unmittelbar etwas, indem sie z. B. wackelnde Stühle reparieren. Dazu haben Kinder immer Lust, sofern solche Tätigkeiten nicht einem Zwang von außen unterworfen sind. Darüber erwerben sie Erfahrungen im Umgang mit

[22] Le Bohec 1993, S. 16
[23] ebd. S. 12

Material, Werkzeugen, Zeit, Arbeitsbedingungen, planvollem Verhalten sowie Wissen über ihre eigenen Fähigkeiten und Fertigkeiten.

Aber vielleicht ist die zweite Seite von Produktivität für die Entwicklung der kindlichen Persönlichkeit noch viel wichtiger. Gemeint ist der Aspekt der Selbstverwirklichung durch Arbeit. Da Kinder ja noch nicht einem Zwang zur Herstellung *bestimmter* Produkte unterliegen, ist ihre Arbeit noch frei und dient ganz anderen Zwecken als der eigentlichen Produktion. Gießton, der in vorgefertigte Formen gegossen wird, um Teller, Tassen oder Kannen in Serie herzustellen, wird von Kindern natürlich genauso gerne ausprobiert, wie alles Neue. Schon sehr rasch aber läßt diese Begeisterung nach.

Ziel solcher *„Arbeit mit Spielcharakter"*[24] ist vielmehr das Streben danach, sich selbst zu *veräußerlichen*, etwas von sich selbst im Ergebnis der Arbeit zu verwirklichen, also in die reale Wirklichkeit zu bringen. In vielen Veröffentlichungen weist Paul Le Bohec darauf hin, daß solches Tun therapeutische Wirkungen haben kann[25]. Diese Bedeutung des freien Ausdrucks finden wir wieder beschrieben in der Psychologie Viktor E. Frankls, auf den wir ja schon an mehreren Stellen hingewiesen haben:

> *„Wir begegnen da einem Phänomen, das ich für fundamental anthropologisch halte: die Selbst-Transzendenz menschlicher Existenz! Was ich damit umschreiben will, ist die Tatsache, daß Mensch-Sein allemal über sich hinausweist auf etwas, das nicht wieder er selbst ist – auf etwas oder jemanden: auf einen Sinn, den es zu erfüllen gilt."*[26]

Wir zitieren dazu weiter Peter Teigeler:

> *„Selbstverwirklichung ist für Viktor E. Frankl Sinnerfüllung draußen im Leben. Sein Selbst findet man nach Frankl nicht, indem man es sucht ... Sein Selbst erschafft man ... indem man in jeder Situation seines Lebens aufgrund seiner geistigen Freiheit selbst mitentscheidet, was man tut und was man zu tun unterläßt."*[27]

Und Freinet fordert kurz und bündig: *„Par la vie – pour la vie – par le travail"*[28] (Durch das Leben, für das Leben, durch die Arbeit).

Demnach ist Produktivität die Fähigkeit, gestaltend zu wirken, oder wie es Freinet und die Reformpädagogen nennen: die Arbeit, eine Grundvoraussetzung für die Entwicklung des Ichs. In der Arbeit

---

[24] Jörg in Freinet 1979, S.137

[25] vgl. u. a. Le Bohec 1993 und in Hellmich/Teigeler $1995^3$, S. 141ff.

[26] Frankl 1987, S. 18

[27] Teigeler in Hellmich/Teigeler $1995^3$, S. 134

[28] Freinet 1979, S. 247

drückt sich das Ich frei aus. Wegen deutlich eingeschränkter Möglichkeiten, sich in der heutigen Kindheit gestaltend auszudrücken, kann dieser Aspekt nicht hoch genug eingeschätzt werden!

Produktiv zu sein reicht dabei von ganz praktischen Erledigungen, die uns der Alltag aufgibt, bis hin zu schöpferischem Wirken, wie es kaum deutlicher zum Ausdruck kommen kann als in der eingangs vorgestellten Ausstellung. Le Bohec hätte diese sicherlich folgendermaßen kommentiert:

> „*Die tiefe Motivation unserer* (Ausstellung) *ist nicht, das aufzudecken, was sich in den Arbeiten … versteckt, sondern den Leser davon zu überzeugen, daß etwas darin steckt, was uns Erwachsene zwar nichts angeht, was aber aus den tiefen Schichten des kindlichen Geistes hinausdrängen und zur Oberfläche gelangen möchte.*“[29]

Eine an der Freinet-Pädagogik ausgerichtete Kindertageseinrichtung kommt daher gar nicht darum herum, den Kindern vielfältigste Möglichkeiten zu bieten, sich produktiv auszudrücken.

Auf welche Weise bereits junge Kinder Ateliers frei und ohne Aufsicht benutzen können, zeigt eindrücklich die Praxis der WERKSTATT-DIPLOME[30].

Ein Diplom ist ein symbolischer Schlüssel zu einem immer offenen und zugänglichen Atelier. Wer ein Werkstattdiplom besitzt, darf *jederzeit auch alleine* die entsprechende Werkstatt benutzen und außerdem jemanden ohne Diplom mitnehmen. Erwachsene ohne Diplom bitten Kinder mit Diplom um Begleitung, wenn sie etwa einen Hammer brauchen. Alleine dürfen sie die Holzwerkstatt erst betreten, wenn sie auch selbst ihr Diplom erhalten haben.

Ein Diplom erwerben Kinder und Erwachsene, indem sie drei bis viermal je eine Stunde in der entsprechenden Werkstatt arbeiten, *irgend* etwas herstellen und die Regelungen einhalten, *die für ihre Arbeit notwendig sind.* Erwachsene, die für diese „Diplomgruppen“ verantwortlich sind, geben nichts vor. Sie arbeiten selbst, ohne sich in die Tätigkeit der Kinder einzumischen. Niemand muß bestimmte Fertigkeiten erwerben oder alle Werkzeuge oder Techniken ausprobieren! Die Werkstattgruppe ist kein Grundkurs. Man eignet sich nur die Fertigkeiten an, die man für die *eigene* Arbeit braucht, sonst keine.

Hier stehen also nicht irgend welche Techniken im Vordergrund, die zu lernen sind, *bevor* die Werkstatt für eigene Vorhaben benutzt

[29] Le Bohec 1993, S. 17
[30] vgl. S. 188

werden kann. Kinder arbeiten von Beginn an frei und verwirklichen ihre eigenen vollkommen subjektiven Vorstellungen in ihrer Arbeit.

*„Sophias schöner Stock"*, den wir oben erwähnt haben, ist nichts anderes als ein grobschlächtiges Stück Holz, das fast unbearbeitet blieb. Sophia hat ihm mit einer Bezeichnung als „schöner Stock" aber einen Sinn verliehen. Es ist eben jetzt *ihr* schöner Stock. Sophia war zu diesem Zeitpunkt vier Jahre alt, erhielt das Diplom und nutzte ihr Recht, jederzeit frei und ohne Aufsicht in der Holzwerkstatt arbeiten zu können, jahrelang.

Daß Kinder durchaus in der Lage sind, ihre eigenen Bedürfnisse zu kennen und ihre Fähigkeiten selbst einzuschätzen, zeigt sich auch darin, wann welche Kinder ihren Wunsch, ein Diplom zu erwerben, anmelden. Die Erfahrung zeigt, daß dieser Wunsch zögerlich und nicht bei allen Kindern im fünften Lebensjahr auftritt. Ab fünf Jahren und ganz deutlich ab etwa sechs Jahren möchten fast alle Kinder sämtliche Diplome erwerben, die eine Kindertageseinrichtung bietet.

Erwachsene, die auf diese Weise eine Werkstatt kennen lernen, entdecken dabei meist selbst die Lust nach freiem Ausdruck für sich wieder neu.

An dieser Stelle tauchen immer wieder „Aber-wenn-Fragen" auf: Aber wenn sich die Kinder mit Hammer, Nadel, Messer verletzen oder Farbe aufessen ...? Wir haben es bereits erwähnt: Um Vertrauen in die Selbständigkeit von Kindern zu erwerben, *müssen* wir Kinder alleine arbeiten lassen. Wie sonst sollten wir feststellen, wie sie sich in diesem Fall verhalten?. Auf jeden Fall gilt auch: Kinder, die darin Übung haben, über sich selbst zu bestimmen, übernehmen auch deutlich stärker die Verantwortung für ihr eigenes Handeln. Sie sind einerseits bereit, in tastenden Versuchen voran zu schreiten, zu experimentieren, sich frei auszudrücken und selbst nach Lösungen zu suchen, andererseits kennen sie ihre eigenen Fertigkeiten und Grenzen besser und überschätzen sich seltener. Und auch eine Zahl sei genannt: Von 1979 bis 1997, seit 18 Jahren also, benutzen in mindestens 10 Wiesbadener Kindertageseinrichtungen Kinder aller Altersstufen Ateliers auf diese Weise. Außer kleinen Kratzern oder blauen Daumen sind bisher keine Verletzungen zu verzeichnen.

Ateliers werden auf vielfältige Weise im Alltag benutzt: Schwerter für „kleine Kämpfe" werden ebenso hergestellt wie Leitern, mit denen der Kletterbaum zu erklimmen ist. Fahrräder werden ebenso repariert wie Schreibtischschubläden. Gardinen werden genäht, Teller getöpfert, Einladungen oder Bekanntmachungen mit der Druckerei oder dem Computer gedruckt. Im Sommer werden Terrarien angelegt. Im

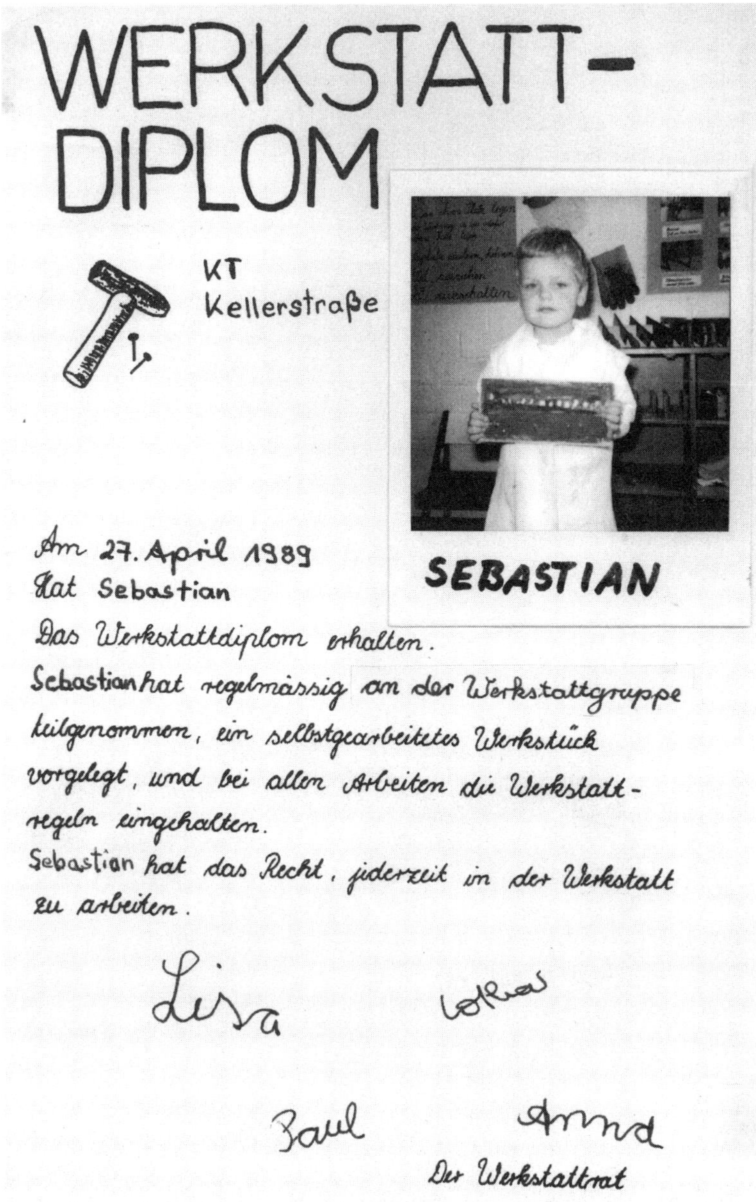

WERKSTATT-DIPLOM

KT Kellerstraße

SEBASTIAN

Am 27. April 1989
Hat Sebastian
Das Werkstattdiplom erhalten.
Sebastian hat regelmässig an der Werkstattgruppe teilgenommen, ein selbstgearbeitetes Werkstück vorgelegt, und bei allen Arbeiten die Werkstatt-regeln eingehalten.
Sebastian hat das Recht, jederzeit in der Werkstatt zu arbeiten.

Lisa Lothar

Paul Anna

Der Werkstattrat

Werkstatt-Diplom

Grunde wollen Kinder *alles* selbst machen oder zumindest selbst ausprobieren. Hier tobt dann wirklich das pralle Leben!

Oft finden sich Ateliers auch in Gruppenräumen als besonders gekennzeichnete Bereiche. Vorzugsweise die Schreibmaschine, die Druckerei, Ton-, Handarbeits-, Hausarbeits-, Theater- oder Künstleratelier bieten sich dafür an.

## *3.5. Mitreden und dazu gehören! – Gemeinsamkeit und Partizipation*

„*Die Kinderkonferenz ist eröffnet!*" Die vierjährige Johanna, die das ruft, weiß in diesem Moment um ihre Bedeutung. Sie ist diejenige, die die Kinderkonferenz heute eröffnet. Sie weiß: Vorher wird sie nicht stattfinden! Der fünfjährige Lukas wird sie nach etwa 15 Minuten wieder schließen, indem er verkündet: „*Die Kinderkonferenz ist beendet!*" Zwischendrin gibt es viel zu besprechen: Sarah (6) wünscht sich, daß sie ihren Hund einmal mitbringen darf. Ertan (6) möchte mit einem großen Brett einen Tisch nageln. Luise (3) weiß nicht mehr, was sie sich gewünscht hat. Sie hat es vergessen. Manuela (5) beschwert sich, daß ihre Bauten in der Bauecke immer wieder kaputt gehen, wenn sie nach Hause geht. Für ihr Problem kann die Kinderkonferenz heute noch keine Lösung finden. Dafür war zu wenig Zeit.

Die Kinder haben auf Zetteln ihre Wünsche formuliert, haben Bilder darauf gemalt oder die Erwachsenen für sich schreiben lassen. Manche haben auch schon selbst geschrieben. Sie haben sich zu Beginn in das Protokoll-Blatt eingetragen, haben ihren Namen geschrieben, etwas gemalt oder einen Fingerabdruck hinterlassen. Die Zettel werden, nachdem sie besprochen waren, ebenfalls dort eingeklebt.

Damit die Kinderkonferenz auch ohne den Eingriff der Erwachsenen funktionieren kann, haben die Kinder viele Ämter übernommen. Keines war so groß, daß es nicht zu bewältigen gewesen wäre. Es gab heute außer der „Beginnerin" und dem „Aufhörer" noch den „Dran-Nehmer", zwei „Zettel-Holerinnen", zwei „Zettel-Einkleber", den „Zu-Laut-Sager" und sogar eine „Zeit-Stopperin". Die Kinder erfinden immer wieder neue Ämter. Sie üben sich in Verantwortung.

Inzwischen haben sich viele Formen von Kinderkonferenzen und Gruppenbesprechungen in Kindertageseinrichtungen etabliert.

Bei weitem nicht alle Varianten stammen aus der Freinet-Pädagogik.[31] Zur Freinet-Pädagogik gehören sie jedoch seit jeher hinzu. Hartmut Glänzel meint in seinem Beitrag zum 1995 erschienen Handbuch Freinet-Pädagogik, daß „Den Kindern das Wort geben" der „Schlüsselbegriff" der Freinet-Pädagogik sei[32]:

> *„‚Den Kindern das Wort geben' faszinierte mich von Anfang an über alle Maßen, wahrscheinlich indem ich es mit dem Schulunterricht verglich, den ich selbst einst erfahren habe. Aus dieser Zeit habe ich jedenfalls kaum Erinnerungen daran, daß mir irgendwann einmal ‚das Wort gegeben wurde'."*

Glänzel versteht dieses „Das Wort geben" umfassend: Es umfaßt die Selbstverantwortung des Kindes, die Selbstverwaltung im Alltag, die Selbstorganisation, den freien Ausdruck, die Mitbestimmung bei Entscheidungen und schließlich auch die Kooperation unter den Erwachsenen. Auch sie geben sich selbst das Wort, organisieren ihre Kooperation selbst. Glänzel schreibt:

> *„‚Das Wort geben' kann der Ansatzpunkt zunächst für jede sich um eine Frage, ein Thema, ein Problem, ein Produkt mühende Gruppe sein. ‚Das Wort geben' im Sinne der Freinet-Pädagogik, das würde dann heißen, daß erstmal die Betroffenen selbst in ihrer Sache zu Wort kommen. ‚Das Wort geben' ist dann das Stichwort einer konsequenten basisdemokratischen Einstellung."*[33]

Hartmut Glänzel hat damit sicherlich beschrieben, was Freinet meinte. Etwas kritisch steht dazu Paul Le Bohec:

> *„Den französischen Lehrern ist es sehr wichtig, den politischen Aspekt zu lehren. Sie haben jede Woche* KLASSENRAT, *der bei ihnen von Anfang an im Mittelpunkt steht. Welche Sprache sprechen die Kinder da? Sie sprechen die Sprache der Organisation ... Wenn man sich zu früh mit der Organisation der Klasse ... beschäftigt, dann hat man eine technische Sprache ... Die anderen Dimensionen der Sprache ... werden dann darüber vernachlässigt ..."*[34] *Le Bohec empfiehlt daher, den Klassenrat nicht vor dem neunten Lebensjahr einzurichten. Für ihn steht eindeutig der freie Ausdruck im Mittelpunkt, wenn es darum geht, den Kindern das Wort zu geben. Darauf, so meint er, hat jedes Kind ein Recht.*

Vielleicht ist wieder einmal ein Mittelweg der goldene. Wir meinen, dieser Weg wird dann beschritten, wenn Kinderkonferenzen und andere Formen der Beteiligung der Kinder von Erzieherinnen nicht mit

---

[31] vgl. Sieglinde Mühlum 1989

[32] Hartmut Glänzel in Dietrich 1995, S. 31

[33] ebd. S. 40

[34] Le Bohec in Hering / Hövel 1996, S. 234

einem Perfektionsanspruch angegangen werden. Unserer Ansicht nach kann hier nicht von „demokratischen Strukturen" gesprochen werden. Zu hoch und gleichzeitig zu wenig offen, zu begrenzt wären unsere Erwartungen an Kinderkonferenzen, Gruppenbesprechungen oder Kinderrat.

All diese sich ständig wandelnden Formen von Partizipation sind in erster Linie soziale Übungsfelder. Auch auf diesem Gebiet schreiten Kinder tastend, versuchend, experimentierend und schließlich entdekkend voran. Wir sollten daher sehr zurückhaltend mit unseren Erwartungen sein. Im Klartext: Eine *gute* Kinderkonferenz ist einfach eine, die immer wieder stattfindet. Mehr nicht und auch nicht weniger!

Natürlich erleben die Kinder dabei auch Enttäuschungen, Frustrationen und Ärger: *„Ich habe mich nicht getraut, mich zu melden."* – *„Ich war traurig, daß mein Zettel heute nicht dran kam."* – *„Ich verstehe nicht, warum die dreijährige Luise immer nur sagt, daß ihr Papa mit ihr einkaufen geht."* Das gehört zum Entdeckungsprozeß hinzu – ebenso wie das Erlebnis des Erfolgs, der eigenen Bedeutung oder des Wahrgenommen-Werdens durch andere: *„Ich darf meinen Hund mitbringen!"* – *„Wegen mir wird ein Zahnpastatest durchgeführt!"* – *„Wir machen eine Umfrage zum Essen und danach eine Kinderrats-Essenswoche, in der wir das Essen bestimmen!"* – *„Ich finde, daß die Kleinen sich noch nicht melden brauchen. Denen fällt das noch schwer."* – *„Ich finde schön, daß wir die Zettel haben. Wenn ich dran komme, bin ich ganz stolz."*

Die Formen, die für Kinderkonferenzen und Gruppenbesprechungen in Kindergarten, Hort oder altersgemischten Gruppen gefunden und ausprobiert wurden, sollen diesen Raum für soziale Entdeckungen öffnen, sie gleichzeitig überhaupt erst ermöglichen, indem sie einen Rahmen schaffen, in dem Kindern die notwendige Sicherheit geboten wird. Gerade jüngere Kinder benötigen davon noch viel. Die Gruppe ist ihnen meist noch zu groß, selten wenden sie sich an alle anderen. Aber, und das ist für uns entscheidend: Sie beginnen sehr früh und, eigenen Rhythmen folgend, sich darin zu üben.

Es ist schon etwas Bespmderes, wenn ein vier- oder sogar dreijähriges Kind seinen *ersten Zettel* an die ZETTELEI oder WANDZEITUNG gehängt hat und erlebt, daß es in der Kinderkonferenz plötzlich im Mittelpunkt steht. Wenn es erlebt, wie sorgsam in diesem Fall alle anderen mit ihm umgehen, denn das passiert fast immer. Oft steht am Beginn eines solchen Abenteuers ein Zettel, auf dem nichts weiter zu sehen ist als ein großes Krickel-Krackel. Und meist sagen die Urheber auch gar nichts, sagen eventuell, daß sie vergessen hätten, was das bedeutet oder erklären, daß ihre Puppe mit im Bett geschlafen hat. Welch ein Erlebnis, dies der ganzen Gruppe mitzuteilen und von allen dabei wahrgenommen zu werden!

Erwachsene halten sich sehr stark zurück. Sie laufen Gefahr, mit jeder Äußerung den Kindern wieder das Wort zu nehmen. Vielleicht nirgendwo sonst ist die Dominanz der Erwachsenen so zu spüren wie in Kinderkonferenzen, wenn sie nicht sehr aufpassen. Kinder erwarten einfach, daß Erwachsene regeln, was zu regeln ist, je jünger sie sind, um so deutlicher. Schulkinder protestieren da schon eher, aber auch sie resignieren schnell, machen sie die Erfahrung, daß Erwachsene die Gruppenbesprechung zu sehr lenken. Die Gefahr, die Gruppenbesprechung „zu benutzen" und für eigene Vorhaben zu instrumentalisieren, ist für Erwachsene wirklich groß.

Zu leicht entschlüpfen die schnellen Ratschläge und Vorschläge. Zu schnell fühlen sich Erwachsene verantwortlich, wenn „es zu laut wird", wenn „Vielsager zu sehr dominieren", wenn „ruhige Kinder nicht drankommen" usw. Dabei sind ihre eigenen Gefühle in hohem Maße beteiligt. In solchen Momenten erinnern sie sich nämlich an eigene leidvolle Erfahrungen mit Ungerechtigkeiten oder dem Gefühl, nicht gesehen zu werden, an Gefühle wie Ohnmacht oder Scham.

In Kinderkonferenzen, in denen sich Erwachsene sehr stark zurückhalten, finden Kinder *untereinander* Regelungen und Lösungen. Wenn wir uns selbst *daran* erinnern, fallen uns bestimmt auch unsere Cliquen oder Freundesgruppen ein. Dann können wir wieder ein wenig davon nachspüren, wie stark wir uns fühlten, wenn Erwachsene uns nicht immer dazwischen geredet haben.

Was tun sie nun, die Erzieherinnen in Kinderkonferenzen? Sie bringen vor allem nur sehr selten *eigene* Punkte ein. Wir sprechen nicht umsonst von der *Kinder*konferenz. Wenn sie das tun, dann nur in Form positiver und sehr konkreter Vorschläge. Diese Vorschläge sollten so konkret sein, daß sie von den Kindern *unmittelbar* verstanden und umgesetzt werden können. Statt etwa zu sagen: *„Ich wünsche mir, daß Karl die Janine nicht mehr schlägt"*, wünscht sich die Freinet-Pädagogin vielleicht: *„daß Karl die Janine einmal auf die rechte Backe küßt, wenn sie es auch mag"* oder *„daß Karl die Janine einmal neben sich schlafen läßt"* oder *„daß Janine sich etwas von Karl wünschen darf, wenn er einverstanden ist"*.

Erwachsene melden sich wie Kinder. Sie greifen nicht unmittelbar ein, wenn es nicht weiter geht, „zu laut" wird oder es Streit gibt. Sie warten lange ab und beobachten, welche Lösungen die Kinder selbst finden. Sie handeln vielleicht, indem sie sich melden und sagen: *„Der*

*Philip darf sich auf meinen Schoß setzen, wenn er möchte.*" Oder sie wendet sich an die Streithähne: „*Ich verstehe euren Streit nicht, sagt mir doch mal, worum es geht.*" Freinet-Pädagoginnen halten es aus, wenn Kinderkonferenzen platzen. Sie beobachten genau und nehmen die darin sichtbaren Signale wahr. Vielleicht ändert sich im Laufe der Zeit der Ablauf, vielleicht auch nicht.

Die Erfahrung zeigt, daß Kinder nicht unbedingt jedes Thema „zu Ende diskutieren" möchten. In der Regel sind sie schon damit zufrieden, daß es „dran kam". Natürlich nimmt die Neigung zu Diskussionen mit dem Alter zu, und spätestens ab neun oder zehn Jahren sitzen Kinder auch einmal eine halbe Stunde lang zusammen und tauschen Argumente aus. Jüngere Kinder aber beteiligen sich auf andere Weise, als wir Erwachsenen es gewohnt sind. Die Hauptsache ist: Es passiert irgend etwas! Wenn es dann noch gelingt, einen Teil der Vorschläge *sofort* und wenn nur in kleinen Teilen, aber eben unmittelbar im Zusammenhang mit einer Kinderkonferenz, zu verwirklichen, wächst bei Kindern des Gefühl eigener Bedeutung. Sie *erleben* ihre Wirkung auf andere. Auch auf diese Weise entsteht bei ihnen Selbstwert.

Die Kinderkonferenz verfolgt fünf Absichten – und zwar in der folgenden Gewichtung:

- In der Kinderkonferenz haben die Kinder das Wort. Authentisches aus *ihrem* Leben kann auf diese Weise in den Alltag der Gruppe einfließen, ihn mitgestalten und verändern.
- Sie erleben dabei die Reaktionen anderer. Sie erleben sich selbst im sozialen Netz der Gruppe und übernehmen wechselnde Rollen.
- Erwachsene erfahren auf diesem Weg viel über das Leben der Kinder, über das, was darin *subjektiv* Bedeutung hat, über ihre Fragen, Themen, Gefühle usw.
- Die Kinderkonferenz ist auch ein Ort, an dem Kinder untereinander und im Dialog mit Erwachsenen Regelungen aushandeln.

Den Kindern das Wort zu geben, vollzieht sich natürlich nicht nur über Kinderkonferenz oder Gruppenbesprechung. Einige weitere Formen sollen noch benannt werden:

Der KINDERRAT: Vor allem ältere Kinder treffen sich hier mit der Leiterin der Einrichtung. Manchmal sind das GRUPPENSPRECHER, manchmal ihre Stellvertreter, manchmal Delegierte der Gruppe, manchmal Kinder, die einfach Lust haben. Im Kinderrat geht es um Themen, die die ganze Kindertageseinrichtung betreffen. Ein Beispiel: Die fünfjährige Sandra hat folgenden Zettel an die Wandzeitung des Kinderrates gehängt: „*Lieber Kinderrat, ich wünsche mir, daß die Zahnpasta nicht mehr so scharf schmeckt. Sandra.*" Der Kinderrat hat

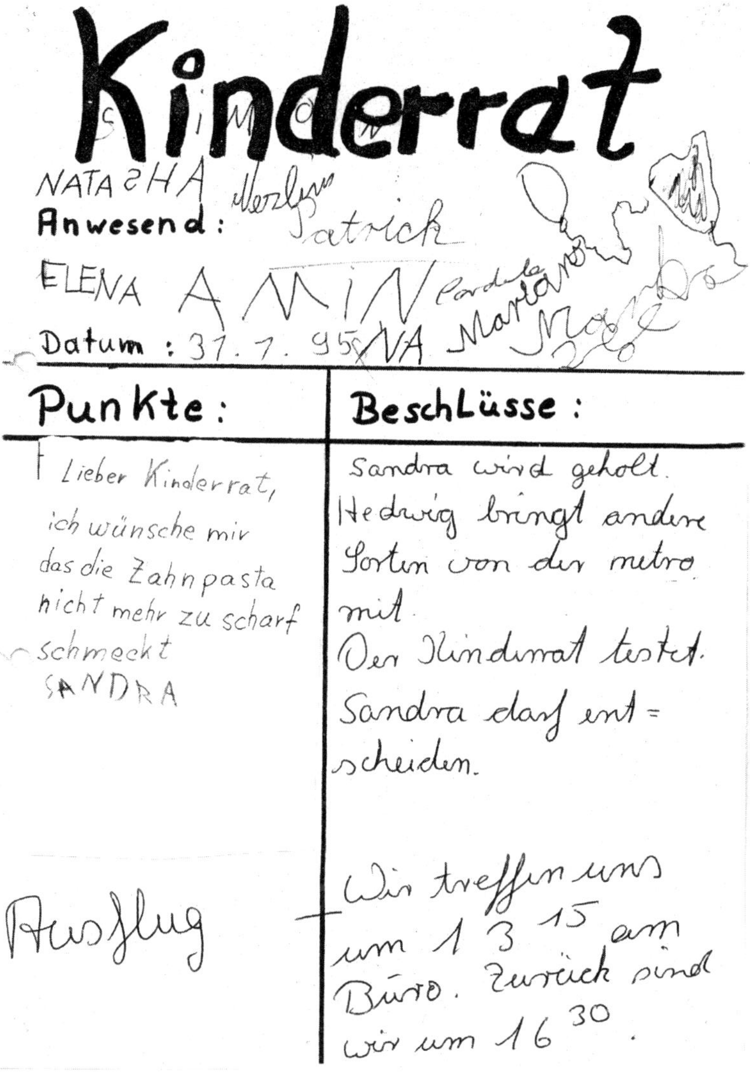

Kinderrat

NATASHA

Anwesend: Patrick

ELENA AMINA

Datum: 31.7.95

| Punkte: | Beschlüsse: |
|---|---|
| Lieber Kinderrat, ich wünsche mir das die Zahnpasta nicht mehr zu scharf schmeckt SANDRA | Sandra wird geholt. Hedwig bringt andere Sorten von der metro mit. Der Kinderrat testet. Sandra darf ent=scheiden. |
| Ausflug | Wir treffen uns um 13 15 am Büro. Zurück sind wir um 16 30. |

Wandzeitung eines Kinderrates

Sandra eingeladen und einen „Zahnpasta-Test“ beschlossen. Alle Zahnpastas „die es gibt“, wurden gekauft. Es fand so etwas wie eine Zahnpasta-Probe statt. Schließlich wurde beschlossen, welche Zahnpasta in Zukunft gekauft werden solle. Das Ganze beschäftigte den Kinderrat über viele Wochen.

In einigen Kindertageseinrichtungen gibt auch RÄTE für Werkstätten oder auch für Geld. Kinder verwalten auf diese Weise ihre Werkstätten und reden auch mit, wenn es darum geht, den (knappen) Haushalt einer Kindertageseinrichtung auszugeben.

Viel bedeutsamer sind aber vielleicht die Formen, in denen Kindern im Alltag das Wort gegeben wird. Wir kommen darauf im folgenden Kapitel zurück. Vor allem nämlich eine respektierende, sich nicht einmischende, zuhörende und vertrauende Haltung der Erwachsenen ermöglicht es Kindern, sich frei auszudrücken und sich einzubringen.

Ganz praktisch: Felix bringt seinen Schulfreund Metin zum Essen mit. Die Erzieherin fragt sich: Was würde passieren, wenn das alle machen würden? Wissen Metins Mutter oder Vater Bescheid? Bin ich nun auch noch für dieses Kind verantwortlich? Respektierend wartet sie zunächst ab und mischt sich nicht in Felix' Angelegenheit ein. Metin ißt mit, es schmeckt ihm. Alle Kinder freuen sich über den Besuch. Andere Kinder fragen ihn aus. Die Gelegenheit nutzt die Erzieherin um nachzufragen, ob Metins Eltern wissen, wo er ist. Sie erfährt, daß Metin einen eigenen Schlüssel hat. Nach dem Essen geht Metin wieder. Felix erzählt nun, daß er Metin einmal seinen Hort zeigen wollte, weil der ihn immer darum beneidet hat. Außerdem würden sie immer Back-Street-Boys-Bilder tauschen. Morgen will er Metin aber nicht wieder mitbringen. Die Erzieherin denkt, wenn wirklich alle ihre Freunde auf einmal mitbringen würden, würden die Kinder sicher selbst merken, daß vielleicht das Essen nicht mehr reichen und zu wenig Platz am Tisch sein würde, früh genug, um sich dann Gedanken darüber machen zu können. Sie hat auch Vertrauen darin, daß zu diesem Zeitpunkt eine Lösung gefunden werden würde.

Bei dem Wunsch nach Zugehörigkeit und dem Erleben von Gemeinsamkeit handelt es sich um ein Grundbedürfnis des Menschen schlechthin. Nirgendwo dazu zu gehören, tötet Menschen. Gefühle von Zugehörigkeit wachsen individuell verschieden und drücken sich auch unterschiedlich aus. Sie kommen u. a. zum Ausdruck in

- TAGEBÜCHERN: Wer will, diktiert oder schreibt Erlebnisse hinein, die ganz individuell über den Tag wichtig waren. Was hier stattfindet, ist so eine Art Feedback. Weder Vollständigkeit noch Rechtschreibung sind dabei von Bedeutung, auch nicht die Teilnahme aller. Wichtig ist vor allem anderen der freie Ausdruck des Kindes.

- FREIZEITEN und ÜBERNACHTUNGEN: Mehrere Tage und Nächte oder zumindest eine ganze Nacht zusammen verbringen zu können, ist für viele Kinder ein Erlebnis.
- BRIEFKÄSTEN an der Gruppentür inspirieren dazu, den anderen einmal einen Brief zu schicken. Post bekommt jeder gerne.
- In der NACHSCHLAGEKISTE finden sich alle Gruppenangelegenheiten: Bilder, Adressen, Telefonnummern, Fotos etc.

## *3.6. Begleiten, beachten, stützen! – Die Aufgaben der Erzieherin*

„Wenn die Kinder so selbständig sind, wo werden wir dann überhaupt noch gebraucht?“ fragen besorgte Erzieherinnen. Im Kapitel 2.5. haben wir es schon betont: Eben das herauszubekommen, ist eine wichtige Aufgabe. Wir gehen nicht per se davon aus, daß die Anwesenheit einer Erzieherin immer für Entwicklung notwendig ist. Kinder entwickeln sich auch ohne die fürsorgliche Betreuung durch pädagogisch geschulte Fachkräfte.

Natürlich suchen Kinder Schutz, emotionale Wärme, ein Gefühl von Sicherheit und Geborgenheit und die Zuverlässigkeit der Erwachsenen. Zunächst ist der Bindungsaufbau wichtig, nach und nach möchten Kinder jedoch aus den Bindungen, die sie als junge Kinder benötigten, wieder entlassen werden. Sie streben nach Unabhängigkeit und Autonomie, brauchen die Erwachsenen in vielen Bereichen und über weite Strecken nur quasi als eine Art Rückversicherung.

In unserem Verständnis begleiten Erwachsene Kinder auf diesem Weg. Das Kind führt dabei aber Regie. Wie ist das zu verstehen?
Zwei Beispiele können vielleicht Klärung bringen:

Im Künstleratelier sitzen vier Kinder und eine Erzieherin zusammen und arbeiten. Die Kinder, allesamt im Kindergartenalter, möchten gerne ihr WERKSTATTDIPLOM erwerben. Ein Kind malt eine großflächige grüne Wiese, ein zweites Blumen und ein Beet. Das dritte Kind bastelt einen Flieger, das vierte einen Piloten. Die Erzieherin experimentiert auf einem Blatt mit Farben. Das Kind, das einen Piloten bastelt, sucht schwarze, feste Pappe für die Beine. Es fragt nicht nach, sondern sucht. Es findet keine schwarze Pappe. Offensichtlich ist keine mehr vorhanden. Die Erzieherin nimmt, ohne zu reden oder darauf hinzuweisen, ein Stück weiße Pappe und malt es mit einem schwarzen Wachsmalblock schwarz. Dieses nun schwarze Stück legt sie ohne Kommentar zu dem anderen Material. Das Kind, das noch vor kurzem schwarze Pappe gesucht hat, ist inzwischen damit beschäftigt, seinem Piloten zwei besonders bunte Hosenbeine anzuziehen. Das schwarze Stück Pappe bleibt unbeachtet liegen.

Was hat die Erzieherin gemacht? Sie hat das Kind ein Stück weit begleitet. Die Art und Weise des Diplomerwerbs läßt den Kindern vollkommene Freiheit in der Wahl ihrer Arbeit. Die Erzieherin konnte deshalb erleben, welche Vorstellungen das Kind von einem Piloten hatte. Handelnd begleitete das Kind seine Arbeit mit Kommentaren. Es beschritt Umwege, hatte Ziele, verwarf diese wieder, fand zu neuen Wegen und neuen Vorstellungen. An einer Stelle wollte die Erzieherin gerne ein Angebot machen und dem Kind helfen. Sie bot ihre schwarze Pappe so unauffällig wie möglich an. Das Kind lehnte das Angebot aber, inzwischen zu einer anderen Lösung gelangt, kommentarlos ab und fand auf diese Weise einen eigenen, ganz persönlichen Weg.

Was wäre gewesen, wenn die Erzieherin gut gemeinte Ratschläge gegeben hätte, wie etwa: „Soll ich dir ein Stück schwarze Pappe herstellen?" oder „Nimm doch einfach blaue Pappe. Die sieht auch schön aus."?

Das zweite Beispiel: In der Holzwerkstatt baut Marion (sieben Jahre alt) ein Schiff. Es muß einen hohen Mast bekommen. Marion hat ein Stück Besenstiel in der Hand und versucht schon seit 15 Minuten, den Besenstiel am Boot zu befestigen. Zunächst versucht sie es mit Holzleim, dann baut sie eine Halterung, dann versucht sie von oben einen Nagel einzuschlagen. All diese Versuche mißlingen. Die anwesende Erzieherin holt einen Holzbeitel und beitelt ein Loch in ihr Stück Holz. Da hinein steckt sie ein anderes Stück und leimt es fest. Wie im ersten Beispiel ist Marion inzwischen ein ganzes Stück weiter. Sie hat entdeckt, daß sie ihren Mast festnageln kann, wenn man das Schiff umdreht und von unten her den Nagel hineintreibt. Sie steht nun auf und korrigiert ihrerseits die Vorgehensweise der Erzieherin, indem sie darauf aufmerksam macht, daß es doch „viel einfacher" sei, von unten her zu nageln, anstatt von oben mühsam ein Loch in das Holzstück zu schlagen.

In beiden Fällen konnten Erzieherinnen unmittelbar den Erfolg ihrer „Nichteinmischungsstrategie" erleben. Was aber, wenn das Kind frustriert aufgibt? Wir meinen, auch in diesem Fall hat es eine Erfahrung gemacht. Wenn es die Erfahrung macht, dafür nicht getadelt oder bewertet zu werden, wenn es sich der anwesenden und stärkenden Begleitung der Erwachsenen sicher sein kann, wird es irgendwann einen neuen Versuch starten – oder sich auf andere Aufgaben konzentrieren.

Der Erwachsene dient in diesem Verständnis als Modell, als Begleiter, dem sich das Kind für ein selbst gewähltes Stück Weg aus freier Entscheidung anvertraut, dessen Impulse, Anregungen oder Hilfsangebote es aber genauso gut ablehnen kann. Seine Aufgabe *„ist es nicht, die Kinder sich selbst zu überlassen, sondern hinzuhören, hinzuschauen, neugierig zu sein und verstehen zu lernen, ohne zu stören.“*[35] schreibt Erika Kazemi-Veisari. Das Kind behält dabei die Regie. Es gibt uns den Weg vor, den Weg, der in *sein* Leben paßt, dem es einen *eigenen* subjektiven Sinn verleiht, den es *in Verantwortung für sich selbst* auswählt und frei beschreiten kann.

Wenn Erwachsene Kinder auf ihrem Weg begleiten, hören sie zu, beobachten, was die Kinder tun, nehmen ihre Signale wahr und treten in einen Dialog mit ihnen. Bevor sie behutsam stützend eingreifen, erlegen sie sich selbst eine Hemmung auf. Ein Puffer wird zwischen Wahrnehmung und Handlung geschoben. Bevor sie handeln, überprüfen sie, ob ihre Hypothese, das Kind brauche an dieser Stelle Hilfe, richtig ist. Dazu betreten sie die Gegenwart des Kindes und betrachten die Sache aus seinem Blickwinkel. Sie gehen dabei mit dem Kind einen inneren Rollentausch ein.

Wir wollen auch dies konkretisieren:

Nehmen wir an, ein Kind ist viereinhalb Jahre alt und hält seinen Löffel immer noch „falsch“. Die Erzieherin ist besorgt, denkt vielleicht schon an seine Schulzeit. In jedem Fall läßt sie sich in ihrer Sorge von ihrem Zukunftsbild leiten: dem Kind, das schon „richtig“ mit Messer, Gabel und Löffel essen kann. Von dieser Warte her ist das momentane Verhalten des Vierjährigen defizitär. Die Erzieherin steht weit weg von dem vierjährigen Kind in der Zukunft und beobachtet das Treiben von dort. Neben sich vielleicht das Sechsjährige, das schon alles kann. Die Erzieherin glaubt, dem Vierjährigen helfen zu müssen, diese Distanz möglichst geradlinig zu überwinden. Sie kennt ja den Weg und auch schon das Ziel. Tritt sie neben das Vierjährige, ist ihr Blick auf die Zukunft und auf das gerichtet, was das Kind *noch nicht* kann. Was sie dabei nicht sieht, ist zum Beispiel das zweijährige Kind. Würde sie dort hin sehen, würde sie bemerken,

[35] Kazemi-Veisari 1996, S. 49

was das vierjährige *schon kann*. Bewegen sich nun beide, geht die Erzieherin den geraden Weg nach vorne, hin zum „richtigen“ Messer-Gabel-Löffel-Halten. Das Vierjährige aber beschreitet seinen eigenen Weg, es macht Umwege, geht mal zurück, bleibt mal stehen, um gleich wieder einen Satz nach vorne zu machen. Es leuchtet ein, daß sich Erzieherin und Kind auf diese Weise verlieren. Die Erzieherin geht schnurstracks geradeaus, das Kind hin und her. Was tut die Erzieherin? Sie bekommt Angst, das Kind könnte das von ihr für angemessen erachtete Ziel nicht erreichen. Sie fängt an, es auf den vermeintlich richtigen Weg zu zerren. Dabei verliert das Kind seinen eigenen Rhythmus.

Begleitet sie das Kind jedoch auf seinem Zick-Zack-Kurs, erfährt sie viel über dessen Bedürfnisse und sein *gegenwärtiges* Leben. Sie ist dabei, kann von dieser Warte aus Impulse geben oder Angebote machen. Sie ist nah bei dem Kind, steht wirklich neben ihm. Ihre Angebote werden besser verstanden und beziehen sich eher auf das wirkliche Leben des Kindes. Vielleicht entscheidet es sich daraufhin für eine Korrektur seines bisherigen Weges, vielleicht aber auch nicht. In diesem Prozeß verändert sich vielleicht auch der Blick auf die vom Erwachsenen erdachte Zukunft.

In der Praxis des Löffels: Die Erzieherin wartet, greift nicht ein, lehrt das Kind keine Tischsitten. Sie beobachtet aber genau. Sie bekommt heraus, daß es sich um kein feinmotorisches Problem handelt. In die Gegenwart des Kindes hineinversetzt, erlebt sie, wie das Kind mit dem Löffel verschiedene Haltungen übt und damit experimentiert. Freilich ist es sich dessen selbst gar nicht bewußt. Die Erzieherin greift genau das auf, läßt sich selbst die „neue“ Löffelhaltung des Kindes beibringen und schlägt vor, viele Variationen des Löffelhaltens zu erfinden. Auf diesen Vorschlag geht das Kind sofort ein. Eine kreative Suche ist in Gang gekommen.

Hier findet der Dialog in der *für das Kind* subjektiv sinnvollen Gegenwart statt. Wir begreifen uns Erwachsene als die zunächst Nichtwissenden um diese subjektive Welt der Kinder und die Kinder als die Experten dafür. Wenn wir ihre Mitteilungen, ihre Signale oder ihren Ausdruck nicht zu deuten vermögen, liegt das auch daran, daß sie nicht unsere Sprache gebrauchen.

In jeder Kindertageseinrichtung existieren also *zwei* subjektive Welten nebeneinander: die des Erwachsenen und die des Kindes.

Wie selbstverständlich erwarten wir oft, daß Kinder unsere Welt begreifen. Wollen wir einen Dialog mit den Kindern, müssen *wir* erst lernen, *ihre* vielen Sprachen zu verstehen. Auch deshalb setzt die Freinet-Pädagogik so sehr auf den FREIEN AUSDRUCK des Kindes. In ihm können wir – sofern das Kind sich wirklich frei und authentisch ausdrücken darf – viel von seiner subjektiven Welt entdecken.

> *„Kinder sind Forscher, die Ereignisse in vielem Unscheinbaren entdecken, die den Gegenständen ihres Interesses mit der ganzen Person auf den Grund gehen. Ihre Umgebung ist voller Ausrufezeichen; sie hören Gerüche, sie lassen Bilder sprechen und können Geräusche sehen. Sie setzen Dinge in denkwürdige Beziehungen zueinander, weil sie Sachverhalte noch nach anderen Gesetzmäßigkeiten schaffen als Erwachsene. Kinder führen ein leidenschaftliches Leben, sind aber auch ständige Grenzverletzer. Sie nehmen anders wahr als Erwachsene und sichern sich damit die Eigenwilligkeit und Fülle in der Deutung der Welt um sie herum, die Erwachsene so oft verwundert, aber auch begeistert.“*[36]

Deshalb sollten wir uns vor allem vor Bewertung hüten. Erwachsene neigen dazu, zu oft zu bewerten, was sie gar nicht verstanden haben. Schriftliches muß nicht berichtigt, vermeintliches Fehlverhalten nicht getadelt werden. Ratschläge und Hilfen können auch sehr zurückhaltend angeboten werden, denn auch in ihnen liegt meist Bewertung. Grenzen müssen dort gesetzt werden, wo sie der Sicherheit wegen oder um das Zusammenleben zu gestalten notwendig sind. Ein Überschreiten dieser Grenzen aber wird nicht moralisierend bestraft, sondern als Signal wahrgenommen: Entweder ist die Grenze zu eng, oder zu verschwommen, entweder zu wenig wahrnehmbar oder vielleicht auch ganz überflüssig. Vielleicht behindert sie die Kinder auch in ihrem Drang nach Leben und Aktivität.

Grenzüberschreitungen oder andere für uns auffälligen Verhaltensweisen setzen die Beratung unter den Erwachsenen in Gang.

Sich an der Freinet-Pädagogik orientierende Erzieherinnen könnten dabei einem bestimmten Schema folgen:

- Wir beschreiben möglichst genau und konkret das, was das Kind *tut*. Wir interpretieren nicht, bewerten nicht, deuten nicht. Erika Kazemi-Veisari liefert viele Beispiel dafür, wie auf diese Weise aus Beobachtungen Beachtungen werden.[37] Dabei erfahren wir etwas darüber, was das Kind *sehen kann*.
- Wollen wir das Kind unterstützen, müssen wir danach suchen, welche Art von Unterstützung das Kind im Augenblick (also im Rahmen seiner Gegenwart) *will*. Nur allzu schnell definieren Erwachsene, was ein Kind *braucht*, mit Zuhilfenahme von Maßstäben, die außerhalb des Kindes liegen. Deshalb ist es wichtig, nach den *sub-*

36 Kazemi-Veisari 1995, S. 66

37 Kazemi-Veisari 1995, S. 11ff.; 17ff.; 53ff.

*jektiven* Absichten des Kindes (nach dem *Sinn*!) zu forschen. Hilfreich ist es, dafür einen inneren oder auch äußeren Rollentausch mit den Kindern zu vollziehen. Wir beachten also *Signale*, die in den Handlungen der Kinder verborgen sind. Dies geschieht durch vorsichtiges und zurückhaltendes Deuten. *Hypothesen* entstehen, die aber handelnd überprüft werden wollen.

- Wir reflektieren auch die *eigenen Absichten*, die eigenen Bedürfnisse, Zielvorstellungen und Wertmaßstäbe. Wir benennen diese als die eigenen und denken über deren Gültigkeit für das Kind in der konkreten Situation nach. Alleine das Aussprechen der eigenen Absichten *im Unterschied* zu denen des Kindes schafft schon Zugang zu seiner subjektiv anderen Welt.
- Wir *überprüfen unsere Hypothesen*, indem wir verschiedene Angebote machen, Impulse geben oder weiter beobachten. Dadurch helfen wir den Kindern selbst zu handeln und ihre Situation in eigener Regie zu verbessern? Wir organisieren die *helfende Begleitung*.

Dies alles gelingt am besten innerhalb eines entwicklungsförderlichen Milieus, für dessen Gewährleistung die Erwachsenen zuständig sind. Etwas anders als bei Maria Montessori, die in diesem Zusammenhang von der „vorbereiteten Umgebung" spricht, bereiten Freinet-Pädagoginnen die Entwicklungsumgebung nicht *für* die Kinder vor, sondern lassen sie *mit* ihnen entstehen. Wir haben in den Kapiteln 2.4. und 2.5. darüber geschrieben.

Im Dialog mit den Kindern finden sie heraus, was zu ihrem Leben gehört, wie das MILIEU also gestaltet sein muß, damit Kinder in ihm frei, sinnvoll, in eigener Verantwortung und mit Bezug zu ihrem Leben tasten, entdecken, experimentieren und versuchend voranschreiten können.

Ein Beispiel: Ein Dauerbrenner in der Holzwerkstatt war der Umgang mit Holzleim. Die Eimer waren zu groß und zu schwer. Hatten die Kinder die Deckel endlich offen, trocknete der Rand schnell ein, und es war ihnen unmöglich, den Deckel wieder zu schließen. Den Holzleimflaschen war eine noch kürzere Lebensdauer beschieden. Ihre schmale Öffnung war bereits nach wenigen Minuten zugetrocknet. Es blieb nur eine Lösung: Einen mittleren Eimer nehmen, ein großes Loch in den Deckel schneiden, nur wenig Holzleim im Eimer haben, etwa eine Tagesration und diese Menge jeden Tag von neuem aus einem anderen Eimer nachfüllen. Das macht den verantwortlichen Erwachsenen zwar etwas Arbeit, ist jedoch die einzige Form gewesen, die Kindern den jederzeitigen Zugang zu Holzleim ermöglichte.

Ebenso müssen Stifte immer gespitzt sein, Material vorhanden, Werkzeuge in Ordnung. Alles muß auch benutzbar, nicht nur frei zugänglich sein! Es muß jedoch nicht glänzen. In Freinet-Kindertageseinrichtungen stoßen wir auf eine Ordnung, die sich von der unsrigen unterscheidet, eine „Kinder-Ordnung".

Wird etwas im Leben der Kinder unwichtig, verschwindet es wieder. Dieses Schicksal haben schon Druckereien und Forscherateliers, Geographieecken und Bauklötze erlitten. Irgendwann wird auch Verschwundenes wiederentdeckt.

Zu einem entwicklungsförderlichen Milieu zählen auch Angebote und Anregungen durch Erwachsene. Sie können und sollen sich selbst auch einbringen. Erst auf diese Weise entstehen Sinnespfade, Weidenhütten, Batikwerkstätten. Nur: Erwachsene sollten genau darauf achten, daß Kindern die Freiheit der Wahl bleibt.

Das gleiche gilt für gemeinsame Projekte. Sie entstehen als Ergebnis und Verlängerung persönlicher Erfahrungen.

Erwachsene wollten das Thema Sexualität aufgreifen. Daraus geworden ist ein „Liebes-Sex-Buch". Das Liebes-Sex-Buch wurde hergestellt und verkauft – und wieder „vergessen". Dafür steht nun ein rosa Lego-Haus im Gruppenraum, in dem die Figuren ständig in den Betten übereinander liegen. Die Kinder fangen im Zusammenhang damit an, sich über Liebe und Familie zu unterhalten und finden heraus, daß Familie *„ist, wenn ein Adoptivkind da ist"*, *„wenn vorgelesen wird"*, *„wenn geschmust wird"*. Noch vor einiger Zeit hing ein Schild über dem Lego-Haus. Darauf war zu lesen: *„Bitte nicht bumsen!"* Gemeint war: Spielt auch mal was anderes.

Erwachsene haben vorgeschlagen, sich mit dem Wetter zu befassen. Daraus geworden ist eine Wetter-Beobachtungs-und Meldestation. Die Station war etwa eineinhalb Jahre in Betrieb – und wurde wieder „vergessen". Vielleicht kommt irgendwann irgendwer wieder einmal auf diese Idee.

Wie können Erwachsene unter solchen Bedingungen überhaupt noch planen?

Grundlage jeder Planung sind Beobachtungen. In diesem Punkt können Freinet-Pädagoginnen viel aus der Reggio-Pädagogik[38] und von Erika Kazemi-Veisari[39] lernen. Lassen wir sie noch einmal zu Wort kommen: *„Kinder brauchen keine Grob- und Feinplanung ihres Alltags, keine Zielkatalogformulierungen, keine Beurteilungsraster für*

[38] vgl. vor allem Projektgruppe Reggio 1990, S. 76ff. und Dreier 1993, S. 81ff.
[39] vgl. Kazemi-Veisari 1996 und 1995, S.60ff.

Das „rosa Legohaus"

*das, was als reifes Verhalten gilt, keine fertigen Programme und keine durchgliederten Zeitplanungen.*"[40]

Für Erzieherinnen bedeutet das vor *allem bei den Kindern zu sein, etwas aus ihrer subjektiv so andersartigen Welt aufzunehmen und zu verstehen.* Sie beobachten ohne jegliche Interpretation oder Wertung. Sie schulen sich vor allem darin, aus der Rolle der Kinder heraus wahrzunehmen, was um sie herum und mit ihnen geschieht. Auf diese Weise bringen sie den Kindern hohen Respekt entgegen.

Und sie begreifen sich selbst als Lernende, denn *„sie wissen nicht schon alles vorher, sondern sie selbst staunen, forschen, entdecken und wollen wissen.*"[41] Und in der Tat müssen sie das, wenn es um die subjektive Welt der Kinder geht.

Die im Zusammenspiel mit Beobachtungen ergebende Planung muß daher selbstverständlich offen sein. Haben Erzieherinnen herausgefunden, wo sie gebraucht werden, entwickeln sie auch zielgerichtete Aktivitäten, um Lernbehinderungen oder „Erfahrungsverweigerun-

[40] Kazemi-Veisari 1995, S. 68
[41] ebd. S. 69

gen“[42] zu beheben. Dies sind die besonderen Bedürfnisse mancher Kinder, Bedürfnisse, die sich nicht ohne Hilfe der Erwachsenen befriedigen lassen.

Dabei greifen auch Freinet-Pädagoginnen auf bewährte Hilfsmittel zurück. Was *sie* tun wollen, nicht, was Kinder tun sollen, halten sie in einer Art Wochenplan für sich fest. Sie führen Fallanalysen und -besprechungen ebenso durch, wie sie, wenn es dazu einen Anlaß gibt, Projekte planen. Es gibt vielleicht einen kleinen Unterschied. Bei alledem nehmen sie zumindest eine gewisse Zeit lang konsequent die Haltung der Kinder ein, reden also nicht *über* sie, sondern *lassen sie selbst sprechen.*

Die meisten Resultate solcher Suchprozesse sind gar nicht auf das eigentliche Kind gerichtet, sondern meist auf die Entwicklungsumgebung. In den meisten Fällen reichen Veränderungen darin aus, um neue Erfahrungen in Gang zu setzen. Einem stillen, zurückgezogenen Kind hilft es manchmal viel mehr, ihm genau dazu wirklich Gelegenheit zu geben, statt die Ursachen der Zurückgezogenheit auf das genaueste zu ergründen. Eine eigene Höhle im Gruppenraum, aus Decken oder Holzbrettern, würde dieses Kind vielleicht entlasten, weil sie einen wirklichen Rückzug aus dem Gruppentrubel erst ermöglicht.

Als wirksames Hilfsmittel, die Lebensnähe und Sinnhaftigkeit der Entwicklungsumgebung immer wieder neu zu überprüfen, hat sich die GRUPPENANALYSE[43] erwiesen. Etwa zweimal jährlich werden darin zusammengefaßt die folgenden Fragen auf der Grundlage von Beobachtungen beantwortet:

- Welche Kinder haben besondere Bedürfnisse und brauchen (für was?) die Hilfe von Erwachsenen?
- Welche Themen und Interessenskomplexe gibt es in der Gruppe?
- Welche Bereiche benutzen Kinder selbständig, in welchen sind sie noch auf die Unterstützung der Erwachsenen angewiesen?
- Zu welchen Aktivitäten, Spielen, Arbeiten finden sich die Kinder zusammen, zu welchen nicht? Auf welche Weise benutzen sie die Kindertageseinrichtung und ihre Möglichkeiten?
- Welche Beziehungen unter den Kindern und zwischen ihnen und den Erwachsenen bestehen?

Die Ergebnisse dieser Momentaufnahme ohne Anspruch auf Vollständigkeit können in Arbeitsvorhaben der Erwachsenen münden.

---

[42] ebd. S. 68

[43] etwas genauer beschrieben in: Klein 1997(2)

Ein letzter Aspekt zur Rolle der Erzieherin in der Freinet-Pädagogik ist der ihres eigenen Lebens. Auch sie sollte sich das Tasten und Versuchen gestatten; auch sie lernt unentwegt. Sie muß weder einen Schreinerkurs für die Holzwerkstatt belegt haben noch geschulte Töpferin sein. Sie beginnt einfach und lernt wie die Kinder: in tastenden Versuchen, auf Umwegen, einem persönlichen Rhythmus folgend.

Dort, wo die Leiterin, die Kolleginnen und der Personalschlüssel es zulassen, gehen manche Erzieherinnen mit Kindern aus der Tageseinrichtung heraus und lassen sie auch an ihrem eigenen Privatleben teilhaben. Sie werden zuweilen von Kindern auch bei privaten Arbeiten und Besorgungen begleitet.

# 4. Der Praxisreichtum der Freinet-Pädagogik – Techniken und Methoden im Überblick

Freinet-Pädagogik ist überall und mit allen Altersstufen zu verwirklichen. Im Laufe der Jahre sind in der Praxis und im Dialog zwischen Erwachsenen und Kindern viele Techniken und Methoden entstanden. Alle zusammen haben zum Ziel, die künstlich geschaffene Entwicklungsumgebung Kindertageseinrichtung für *Kinder* benutzbar und subjektiv sinnvoll zu machen, sie zu öffnen für *ihr* Leben, ihnen darin Freiheit und Verantwortung zu gewähren.

Sie bilden in ihrer Gesamtheit einen Rahmen, eine Struktur, die notwendig ist, weil hier viele Kinder zugleich aufeinander treffen. Auch deshalb, weil die Anwesenheit der Kinder dort zu großen Teilen den Zeit- und rationalen Strukturen der Erwachsenen zu folgen hat. Kinder *werden* dort angemeldet. Darauf, wer sie betreut, haben sie (noch) keinen Einfluß. Die Kindertageseinrichtung schließt und öffnet zu festgelegten Zeiten. Die Verpflegung wird oft in großem Maßstab organisiert. Es stehen nur bestimmte, meist von Erwachsenen eingerichtete Räume zur Verfügung. Der Außenraum ist mit Zäunen begrenzt. Tagesabläufe entsprechen oft nicht dem individuellen Rhythmus des einzelnen Kindes.

All dies ist natürlich nicht tabu. Und wir glauben, daß sich die im folgenden vorgestellten Techniken und Methoden in dem Maße erübrigen, wie sich die Organisation der Kindertageseinrichtung dem individuellen Rhythmus der Kindern anpassen wird. Kinder im Wald, auf Wiesen, zu Hause oder in Höfen brauchen keine Zettelei, Gruppenbesprechung, Diplome oder Abmeldetafeln. Sie regeln all dies untereinander auch ohne solche Methoden.

Freinets Techniken und Methoden und ihre „Ableger" in der Kindertageseinrichtung sind also aus der Not heraus entstanden, einen künstlichen Entwicklungsraum für Kinder wieder so natürlich wie möglich zu gestalten. Von daher sind sie alle nicht der Weisheit letzter Schluß! Dies festzuhalten, erachten wir als sehr wichtig. Ausdrücklich fordern wir auf, im Zusammenleben mit Kindern immer wieder alles von neuem in Frage zu stellen, nichts als endgültig zu betrachten, sich mit den Kindern gemeinsam auf die Suche nach noch passenderen, noch besseren Methoden zu machen.

Wir haben daher mit Interesse gelesen, wenn Paul Le Bohec, der Freinet-Pädagogik nie als Einbahnstraße betrachtete, schreibt:

> *„In meiner Klasse habe ich alle Freinet-Techniken ausprobiert. Nach einem Jahr hatte ich eine Schülerzeitung, die Druckerei, die Korrespondenz und eine kooperative Organisation des Klassenlebens. Später, um ein Experiment zu machen, habe ich das alles wieder weggelassen. Was fehlte uns, mir und den Kindern? Nichts! Im Gegenteil! Wir sind in der Arbeit weitergekommen."*[1]

Wir betonen dies auch, weil wir verhindern möchten, daß sich unsere eigene Erfahrung im Umgang mit der Faszination von Techniken zu häufig wiederholt. Froh, etwas gefunden zu haben, was sich in unserer Praxis einmal bewährt hat, haben wir so sehr daran festgehalten, daß wir schließlich mit den Techniken gearbeitet haben, aber nur noch wenig mit den Kindern. Um hier vorzubeugen, müssen sämtliche Techniken regelmäßig darauf hin abgeklopft werden, ob sie noch den vier Prinzipien Freiheit, Verantwortung, Sinn und Bezug zum Leben entsprechen.

Wir möchten also alle Leserinnen auffordern, die folgende Darstellung von Methoden und Techniken *nicht* unbesehen und ungeprüft in ihre Praxis zu übernehmen. Sie sollten sich selbst und ihren Kindern das Tasten und Versuchen gestatten, hier etwas verändern und ausprobieren und dort etwas weglassen, ja nachdem, wie alle damit umgehen. Ihre innere Haltung sollte also eher skeptisch sein, sollte darauf eingestellt sein, daß Verbesserungen und Veränderungen notwendig sind, weil sich die Menschen ändern, die Bedingungen, die Bedürfnisse und Ziele.

Im übrigen sind die meisten dargestellten Techniken und Methoden zunächst im Hort entstanden. Wir haben hier zwar versucht, die inzwischen auch vorliegenden aus Kindergärten und altersgemischten Gruppen stammenden Erfahrungen zu verwerten, wissen aber, daß wir uns damit noch in einem Entwicklungsland befinden. Ganz im Sinne von Freinet bedarf es besonders in Kindergärten noch vieler tastender Versuche. Hinzu kommt, daß es noch wenig Erfahrungen mit der Freinet-Pädagogik in der sogenannten offenen Arbeit gibt. Für uns ist Freinet-Pädagogik natürlich „offen". Wie sie sich jedoch konkret gestalten läßt, wenn es keine Gruppen mehr gibt, wissen wir noch nicht. Vielleicht bietet sie ja eine Alternative jenseits der Entweder-Oder-Diskussion. Grundsätzlich fordern wir auch an dieser Stelle nachdrücklich zum eigenen Probieren aus und erhoffen uns für die

[1] Paul le Bohec in: Hering / Hövel 1996, S. 232

Zukunft regen Erfahrungsaustausch insbesondere aus der Arbeit mit den unter Sechsjährigen.

Hier nun also die Sammlung von Methoden, mit denen wir *bisher* ganz gut gefahren sind. Wir ordnen sie alphabetisch.

### Ämter/Dienste

In Freinet-Gruppen und Klassen übernehmen Kinder und Erwachsene viele Ämter. Sie sind dabei sehr erfinderisch und kreativ. Ihnen macht es viel Spaß, neue Ämter zu erfinden. Oft hat dann auch jedes Kind und jeder Erwachse irgend ein Amt inne, das vollkommen eigenverantwortlich ausgeübt wird.[2] Je jünger die Kinder sind, um so übersichtlicher und vom Aufwand her geringer müssen Ämter gestaltet sein. Sichtbare Hilfen haben hier durchaus ihren Sinn. Wir haben dies in Kapitel 3.2. beschrieben.

Ämter sollten regelmäßig wechseln, sollten sich selbst immer wieder verändern, sollten nicht nach dem Gleichheits-, sondern nach dem Fähigkeits- und Sinnprinzip aufgeteilt sein. Grundsätzlich sollten sie nur freiwillig übernommen werden. Freiheit und Verantwortung hängen eng zusammen. Findet sich kein Kind für ein notwendiges Amt, sollten die Erwachsenen es ausüben. Sie können dabei ja ruhig um Hilfe bitten, ein klares Nein aber auch widerspruchsfrei hinnehmen. Auch für Ämter gilt: Kinder üben sich erst in (hier sogar der vollen) Verantwortlichkeit. Sie bekommen dazu *Gelegenheit*, werden aber keinesfalls dazu verpflichtet.

### Abmeldetafeln

Abmeldetafeln existieren ebenfalls in vielen Formen. Wir beschreiben hier die Form, die uns am besten gefällt. Da besitzt jedes Kind und jeder Erwachsene eine eigene Abmeldetafel: ein großes Blatt oder Plakat, auf dem alle Orte verzeichnet sind, die der Besitzer aufsuchen kann, ohne jemanden erst um Erlaubnis zu bitten. Normalerweise gestalten alle ihre Abmeldetafel selbst. Am Rand des Plakats ist ein Klettband angebracht. Wenn ich einen bestimmten Ort aufsuchen will, „hänge ich mich um“, klebe einen Pfeil auf dem Klettband an die entsprechende Stelle.

Sehr junge Kinder brauchen noch keine Abmeldetafel und besitzen auch keine. Irgendwann, meist mit etwa vier Jahren, äußern sie den Wunsch danach. Die Erzieherin fragt dann, welche Orte das Kind

---

2 Wie viele solcher Ämter es in einer Schulklasse geben kann, beschreibt Walter Hövel anschaulich in: Dietrich (Hg.) 1995, S. 68 f.

aufsuchen möchte. Bei jungen Kindern sind dies nicht viele. Da tauchen auf: die Wiese, die Nachbargruppe, das Büro der Leiterin, die eine oder andere Werkstatt. Nach und nach erhält die Abmeldetafel für jeden Ort ein Symbol oder Bild. Wünscht sich ein vierjähriges Kind den Besuch des nahen Kiosks oder der Turnhalle, und hat die Erzieherin in diesem konkreten Fall noch Befürchtungen, tauchen diese Orte nicht auf der Abmeldetafel auf. Gleichwohl nimmt die Erzieherin diesen Wunsch wahr und denkt darüber nach, wie sie dem Kind auch diese Bereiche öffnen kann.

Mit zunehmendem Alter werden die Abmeldetafeln immer größer und länger (siehe Abb. S. 69). Vorschulkinder und Schulkinder der ersten beiden Klassen haben oft sehr umfangreiche und differenzierte Abmeldetafeln, manchmal mit mehr als 20 verschiedenen Orten. Hier wird eine ihrer beiden Funktionen sichtbar: Die Abmeldetafel spiegelt dem Kind und auch den Erwachsenen wider, wie selbständig das Kind bereits geworden ist, welche Bereiche fest zu seinem Leben gehören und was es bevorzugt besucht. Sie sind ein kleiner Spiegel ihres Lebens. So individuell wie die Interessen und Bedürfnisse sind, so individuell unterschiedlich sehen auch die Abmeldetafeln aus. Mit ihrer Hilfe werden Lebensräume zur selbständigen Nutzung erschlossen, unbeobachtete Lebensräume.

Werden die Kinder noch älter, nervt sie das „ewige Hin und Her". Sie verallgemeinern. Ihre Tafeln ähneln mehr denjenigen der ganz jungen Kinder. Hier steht dann beispielsweise nur noch: Draußen – Drinnen – Kiosk – Hertie – Schule – zu Hause.

Die zweite Funktion der Abmeldetafel springt mehr ins Auge: Sie hilft allen herauszubekommen, wo sich die anderen gerade aufhalten. Sie schaffen neue und individuelle Freiheiten, überlassen ihren Besitzern Verantwortung für sich selbst und spiegeln das Leben der Kinder in Teilbereichen wieder. Sie haben sich dermaßen bewährt, daß sogar Familien begonnen haben, mit solchen Tafeln zu Hause zu arbeiten.

### Arbeitsbesprechungen

Kinder wollen arbeiten, wenn sie nicht müssen! Arbeitsbesprechungen, die etwa wöchentlich – meist montags – stattfinden, sollen helfen, dies zu organisieren. Die Teilnahme daran ist freiwillig. Wer arbeiten oder etwas erledigen möchte, nimmt daran teil. In der Regel sind dies viele Kinder und die Erzieherin.

Die Woche über und/oder während der Arbeitsbesprechung wird gesammelt, was denn in der laufenden Woche zu erledigen wäre. In manchen Gruppen hängen dafür gesonderte Listen aus, andere sammeln einfach Zettel in einer Kiste.

Dann setzen sich Kinder und Erzieherin zusammen und überlegen sich, was alles zu tun ist. Als „Arbeitsauftrag" festgehalten wird nur, wenn sich jemand findet, der diese Arbeit übernehmen möchte. Wer das tut, bekommt ein Erinnerungssymbol, meistens ein kleiner Zettel mit einem großen „A" darauf. Schulkinder schreiben sich dann selbst auf, welchen Arbeitsauftrag sie übernommen haben. Schulkinder bringen diesen Zettel meist im Wochenplan unter und überlegen schon, wann sie ihn erledigen werden.

Solche Arbeitsaufträge sind beispielsweise (siehe Abb. S. 100): etwas malen – Stifte spitzen – das Beet hacken – glasieren – Geburtstagsgeschenk kaufen – hinter der Bank fegen – die Gardinen in die Waschmaschine stecken – die Tür ölen – Blumen gießen – Schrauben am Stuhl fest ziehen ... Erwachsene staunen manchmal, welche Arbeiten Kinder entdecken. Häufig finden sich mehr Arbeiten als „Arbeitnehmer". Solche Arbeiten bleiben dann erst einmal liegen. Erwachsene drängen in *keiner* Weise auf Erledigung. Findet sich niemand zum Blumen gießen, melden sie sich selbst dafür und fragen vielleicht, ob ihnen jemand hilft. Niemals aber sollten sie werten oder Kinder zur Übernahme von Arbeiten nötigen!

Der zeitliche Umfang einer Arbeitsbesprechung liegt bei ca. 15–20 Minuten höchstens. Auch wenn nicht alles geregelt wurde, sollte danach Schluß sein.

Oft werden Kinder, die einen Auftrag erfüllt haben, in der kommenden Arbeitsbesprechung mit Applaus bedacht. Ansonsten wird nichts bewertet, auch nicht, wenn sich jemand über längere Zeit hinweg niemals für Arbeiten meldet. Verantwortung solcher Art kann nur freiwillig *übernommen* werden, man kann sie nicht (ohne Zwang) übertragen. Kinder, die nichts übernehmen, haben ihre Gründe. Es gilt, sie zu respektieren, allenfalls sie zu ergründen, um zu verstehen. Eventuell stecken ja auch Versagensängste oder Beziehungsstörungen dahinter. Aber: Kein Kind ist faul! Alle Kinder verspüren diesen Hunger nach Leben und Aktivität, wie es Freinet bezeichnete, manche manchmal mehr, manche manchmal weniger.

### Benutzerbücher

Sie liegen vor allem in Werkstätten aus. Wer einen bestimmten Arbeitsbereich betritt, trägt sich in das Benutzerbuch ein. Wenn er geht, trägt er sich wieder aus. Benutzerbücher dürfen *nicht* der Kontrolle dienen. Werden sie dafür benutzt, macht man sie zu einem Zwangsinstrument. Ihre Zielsetzung bestimmen wir anders. Sie sollen Kindern helfen, die Verantwortung, die sie bei der Benutzung von Werkzeug

**Holzwerkstatt**

| Name | Was ich gearbeitet habe | Ich habe aufgeräumt |
|---|---|---|
| Anna | Chrimschams | ✓ |
| Ina | Linial | ✓ |
| JULAN | | ✓ |
| MARIAN | | |
| SIMON | | |
| [illegible] | | |
| Leo | NIKS | ✓ |
| maria elena | | ✓ |
| Anna | Glatstiel | ✓ |
| Safak | Wonwagen | ✓ |
| Ina | Haus | ✓ |
| JULIAN | | ✓ |
| Anna | Zwig | ✓ |
| Ina | Haus | ✓ |
| MARIAN | | |

Seite eines Benutzerbuches

Teile einer Dokumentensammlung

und Material, auch ohne sich dessen bewußt zu sein, übernehmen, sinnlich erfahren zu können. Dazu ist keine Schrift notwendig. Es reicht, wenn Kinder etwas malen oder mit Symbolen arbeiten. Kinder experimentieren aber schon früh mit ihrem eigenen Namen.

DIENSTE
siehe: Ämter

DIPLOME
siehe: Werkstattdiplome

DOKUMENTENSAMMLUNG oder NACHSCHLAGEKISTE:
Sie spiegelt das Leben der Gruppe wieder. In ihr findet sich, was für Kinder Sinn hat. Sie hilft den Kindern darüber hinaus, ihren Alltag besser selbst gestalten zu können. Sie entspricht *nicht* den Ansprüchen Erwachsener. Sie wird gemeinsam mit Kindern geformt. Sie wächst und ist ständigen Veränderungen unterworfen. Manchmal besteht sie aus *einer einzigen* Kiste, manchmal aus *vielen* Kisten oder Hängeordnern. Die Hauptsache ist: Kinder können damit umgehen. Es eignen sich: Pappkisten, Hängeordner, Holzkisten.

Eine Dokumentensammlung kann z. B. beinhalten:

- alles, was Kinder sammeln, was sie interessiert: Bilder, Artikel, Aufkleber, Fotos, Fernsehprogramme, Bundesligatabellen, Legokataloge etc.
- alles, was Kindern hilft, ihren Alltag selbständiger zu gestalten: Adressen, Telefonnummern (z. B. von ihren Eltern), Öffnungszeiten, Busfahrzeiten etc.
- alles, was zur Tradition der Gruppe gehört: Fotos, Tagebücher, Briefe etc.

Auch Erwachsene können die Dokumentensammlung *benutzen*, sollten dies aber eher zurückhaltend tun. Auf keinen Fall sollten Erwachsene die Dokumentensammlung mit ihren Themen prägen. Es wird vielmehr *alles* gesammelt, was K*inder* für wichtig halten.

Finanzrat
siehe: Haushaltsrat

Geldrat
siehe: Haushaltsrat

Gruppenbesprechung
siehe: Kinderkonferenz

Gruppenbücher / Tagebücher / Lebensbuch der Gruppe
Am Ende eines Tages setzen sich Erzieherin und/oder Kinder zusammen und denken laut darüber nach, was an diesem Tag von Bedeutung war. Tage- und Gruppenbücher spiegeln wie die Nachschlagekiste das Leben der Kinder wieder. In ihnen findet sich, was für Kinder subjektiv Sinn machte (siehe Abb. S. 51).

Es schreiben oder erzählen selten alle Kinder. In der Regel sitzen einige Kinder um die Erzieherin, die für sie schreibt. An manchen Tagen steht nur ein Wort darin, an anderen Tagen zwei Seiten, an wieder anderen wird nur etwas eingeklebt. Oft wollen die Kinder noch einmal hören, was gerade geschrieben wurde.

Gruppensprecher
In manchen Gruppen existieren Gruppensprecher und Gruppensprecherinnen. Nicht immer sind sie gewählt. Es gibt auch Rotationssysteme, oder es wird Gruppensprecher, wer möchte. Auch das Ende dieses Amtes ist keineswegs einheitlich geregelt. Rotiert das Amt, ist gemeinsam ein Zeitraum festgelegt. Wird gewählt oder festgelegt,

kann nach beliebiger Zeit eine Änderung eintreten. Auch einen „Rücktritt“ und eine „Abwahl“ gab es schon. Es ist ein Spiel mit einem hohen Amt. Gruppensprecher werden oft Kinder, die sowieso eine wichtige Position in der Gruppe einnehmen. Das, was dabei jedoch normalerweise unterhalb der Gruppenoberfläche abläuft, wird durch die „Amtsübernahme“ zum „öffentlichen Gegenstand“.

Gruppensprecher übernehmen erfahrungsgemäß folgende Aufgaben: Sie überreichen Geburtstagsgeschenke. Sie nehmen am KINDERRAT teil. Sie begrüßen neue Kinder. Sie fühlen sich in besonderem Maße für die Gruppe verantwortlich und streiten daher häufiger mit den Erwachsenen. Ältere Kinder tun dies auch im Namen von jüngeren.

HAUSHALTSRAT / FINANZRAT / GELDRAT

Gibt es selten. Kinder verwalten zumindest einen Teil der finanziellen Ausstattung der Kindertageseinrichtung. Fast immer sind das bisher Schulkinder.

Wenn es keinen besonderen Rat dafür gibt, verfügt oft der KINDERRAT über einen Teil des Haushalts. Das, was dort oder in den Haushaltsräten geschieht, können aber auch durchaus jüngere Kinder übernehmen. Sie machen Umfragen, was gekauft werden sollte, was fehlt, über das Lieblingsspielzeug oder die „heißen Wünsche“ der Kinder. Daraus ergeben sich oft wichtige Anhaltspunkte für sinnvolles Material – sinnvoll aus der subjektiven Sicht der Kinder!

KINDERKONFERENZ / GRUPPENBESPRECHUNG / WANDZEITUNG / ZETTELEI

Kinderkonferenzen und Gruppenbesprechungen unterscheiden sich je nach Altersgruppe erheblich. Um das sehr verschiedenartige Verhalten der unterschiedlichen Altersgruppen in Kinderkonferenzen zu verstehen, empfiehlt sich unbedingt das Studium von Jean Piagets Klassiker: „Das moralische Urteil des Kindes“[3]. In diesem Buch wird deutlich, warum Kinder so unterschiedliches Regelverhalten an den Tag legen und warum sich ihre Vorstellungen von Gerechtigkeit und Verantwortlichkeit bezogen auf die gesamte Altersspanne bis zwölf Jahren, aber auch unter Kindergarten- oder Hortkindern, zum Teil erheblich unterscheiden.

Im Kindergartenalter hat sich die KINDERKONFERENZ bewährt, die wir in Kapitel 3.5. eingehender beschrieben haben. Ihr Ablauf unter-

[3] Piaget 1986

liegt einem bestimmten Ritual. Sie findet unregelmäßig oder regelmäßig statt. Sie kann von Kindern oder Erwachsenen gleichermaßen einberufen werden. Sie wird mit Hilfe der Zettelei strukturiert. Wer etwas besprechen möchte, hängt an ein Brett in der Gruppe einen Zettel mit seinem Namen. Dabei ist vollkommen unerheblich, ob Name und Text geschrieben sind oder nur symbolisiert. Die Kinderkonferenz sollte *nie* länger dauern als 15–20 Minuten, und zwar ganz gleich, ob es noch Punkte zu besprechen gibt oder nicht. Die Devise lautet: Lieber zwei Kinderkonferenzen als eine zu langwierige. Normalerweise melden sich *alle* (auch Erwachsene), die etwas sagen wollen und werden vom „Dran-Nehmer" dran genommen. Jede Wortmeldung hat das gleiche Gewicht. Kein Zettel verschwindet. Alle werden im „Protokollbuch" eingeklebt. Das kann ein Buch, ein Ordner, eine Plakatmappe oder ähnliches sein. Dabei geht es nicht darum, später darauf hinweisen zu können, was besprochen wurde. Beschlüsse werden meist auch gar nicht notiert. Es geht vielmehr darum, den Äußerungen der Kinder Beachtung zu schenken, indem ihre Zettel eingeklebt werden.

Mit Schulkindern und älteren Kindergartenkindern kann eine Kinderkonferenz bereits etwas anders verlaufen. Piaget spricht in diesem Alter von der beginnenden Zusammenarbeit[4], der Fähigkeit also, sich in andere hineinzuversetzen. Außerdem benutzen diese Kinder bereits Schriftzeichen. Ihre Vorstellung von Gerechtigkeit und Verantwortlichkeit differenziert sich aus. Deshalb sind sie beispielsweise „strenger" als 3–5jährige. Sie möchten auch eher festhalten, was beschlossen wurde. Das gibt ihnen Sicherheit. All dies aber noch immer nicht in gleichem Maße, wie wir Erwachsenen es verstehen.

In diesem Alter heißt die Kinderkonferenz meist GRUPPENBESPRECHUNG. Diese hat einen festen Platz im Wochenablauf. Ein bestimmter Tag wird dafür reserviert. Auch sie dauert nie länger als 15–20 Minuten. Kinder in diesem Alter benutzen bereits eine differenzierte Zettelei. Freinet nannte sie Wandzeitung[5]. Zettel werden hier auf drei Spalten verteilt: „Ich finde gut" – „Ich finde schlecht" – „Ich wünsche mir". Erwachsene sollten niemals die mittlere Spalte benutzen, sondern stets mit Vorschlägen arbeiten. Statt: *„Ich finde schlecht, daß die Holzwerkstatt nicht aufgeräumt ist"*, formulieren Erwachsene vielleicht: *„Ich wünsche mir, daß wir in der Holzwerkstatt gleich nachher die Hämmer an ihren Platz legen."*

[4] z. B. ebd. S. 65ff.

[5] gut beschrieben in Freinet 1979², S. 76 und im selben Buch von Hans Jörg S. 207

Auch die Gruppenbesprechung wird von Kindern geleitet. Manchmal sind das die Gruppensprecher, meist aber kommt jedes Kind irgendwann einmal dran. Kinder übernehmen hier schon mehrere Einzelverantwortlichkeiten. Wer die Zettel holt, klebt sie auch ein, wer einklebt, schreibt manchmal auch Protokoll. Beschlüsse werden im Unterschied zur Kinderkonferenz mit jüngeren Kindern schriftlich festgehalten, häufig von Erwachsenen, aber auch von Kindern. Schreiben Erwachsene, halten sie sich *wörtlich* an den Text der Kinder. Zu Beginn der Gruppenbesprechung tragen sich wie in der Kinderkonferenz alle auf dem Protokollblatt (siehe Abb. S. 83) ein.

Noch ältere Kinder nutzen WANDZEITUNG oder ZETTELEI immer seltener. Dafür beginnen sie zu diskutieren und zu differenzieren. Nun dauert es unter Umständen sehr lange, bis die Kindergruppe einen Beschluß gefaßt hat. Sind viele Kinder in diesem Alter, werden Gruppenbesprechung oder Kinderkonferenz dann und wann durch andere, altersspezifische Treffen ergänzt: „Hortbesprechung“ oder „Clubrat“ oder ähnliches. Dennoch: Auch die ältesten Kinder bleiben den Gruppenbesprechungen nicht fern. Sie übernehmen dort gerne leitende und strukturierende Rollen.

In Gruppen mit großer Altersmischung kommt normalerweise die Gruppenbesprechung zur Anwendung, wie sie mit 5–9jährigen praktiziert wird. Dort unterstützen die älteren Kinder die jüngeren, die Ältesten nehmen die 15 Minuten Gruppenbesprechung großzügig hin, übernehmen Verantwortlichkeiten und strukturieren. Ihre eigenen Angelegenheiten klären sie an einem anderen Ort.

Die Teilnahme an Kinderkonferenzen und Gruppenbesprechungen ist fast immer für alle verpflichtend. Aber auch das ist kein Tabu. Eine Kinderkonferenz könnte auch eine andere Regel erfinden.

Eines besseren Überblicks wegen noch einmal gerafft der Ablauf von Kinderkonferenz und Gruppenbesprechung:

- (Unterschriebene) Zettel hängen an der Wandzeitung oder der Zettelei.
- Bevor es los geht, tragen sich alle Anwesenden in das Protokollblatt ein (schriftlich oder mit Symbolen).
- Die Kinderkonferenz wird eröffnet.
- Zettel werden geholt, vorgelesen, besprochen und eingeklebt. In der Gruppenbesprechung werden die Beschlüsse mitnotiert.
- Kinder und Erwachsene melden sich. Erwachsene haben keinerlei Vorrecht. Sie greifen, wenn überhaupt, nur ein, wenn ihnen die Kinder das Wort dazu erteilen.
- Die Kinderkonferenz wird (nach 15–20 Minuten) geschlossen.

- Die nicht besprochenen Zettel bleiben hängen oder werden von ihren Besitzern (und nur von denen) entfernt.
- Hängen zu viele Zettel daran, werden Kinderkonferenzen und manchmal auch Gruppenbesprechungen häufiger durchgeführt.

KINDERRAT

Der Kinderrat ist „die Regierung" der Kindertageseinrichtung (siehe Abb. S. 83). Er „erfindet Regeln, gibt Geld aus und macht Besprechung". So beschreiben die Kinder ihren Kinderrat. Seine Arbeit ist ähnlich strukturiert wie eine Gruppenbesprechung oder Kinderkonferenz. Eine Zettelei oder Wandzeitung, gewöhnlich hängt sie an einem zentralen Platz im Haus, gibt die Tagesordnung vor. Der Kinderrat beschäftigt sich mit allen Fragen, die gruppenübergreifend anfallen: dem Mittagessen, dem Frühstück, der Nutzung von bestimmten Räumen, den Regeln im Außengelände, dem Kauf von Spielzeug, aber auch mit Themen wie: *„Wann werden die Eigentumsfächer repariert?"* – *„Wir suchen einen Platz für einen Hasen."* – *„Ich wünsche mir eine neue KT."* – *„Ich finde schlecht, daß die Großen den Behälter abgerissen haben."* – *„Ich wünsche mir einen Ventilator."* – *„Wir haben 100 Zeichenblöcke geschenkt bekommen. Was sollen wir damit machen?"* – *„Ich wünsche mir eine Million DM."* – *„Ich wünsche mir einen Tripp-Trapp-Stuhl für unser neues Kind."*

NACHSCHLAGEKISTE

siehe: Dokumentensammlung

REPARATURBÜCHER

Als in den 80er Jahren die ersten Reparaturbücher in einem Hort eingeführt wurden, konnten die Kinder entscheiden, ob sie eine Firma anrufen, jemanden dazu beauftragen oder selbst reparieren wollen. Das Ergebnis war, daß Kinder vor allem selbst reparieren wollten. Ein zweites Resultat war, daß sie mit großer Verantwortung und viel Freude *auf die Suche nach Reparaturen* gegangen sind. Und – ihnen sind Dinge aufgefallen, an denen Erwachsene vorbeigehen, oder die sie längere Zeit in einem reparaturwürdigen Zustand belassen würden: Das (noch sehr kleine) Loch im Zaun, der tropfende Wasserhahn, die wackelnde Dachlatte, die schon mehrfach erwähnte quietschende Tür, das nicht mehr komplette Mensch-Ärger-Dich-Nicht-Spiel.

Entweder haben Kinder Erwachsene darauf aufmerksam gemacht oder selbst etwas in die in jeder Gruppe liegenden Reparaturbücher eingetragen oder hineingemalt. Natürlich muß dabei gewährleistet

| Datum | Was muß repariert werden ? oder angeschafft werden ? | Wer soll es reparieren ? Jemand aus dem Hort | Jemand von einer Firma | Auftrag ist erledigt. |
|---|---|---|---|---|
| Freitag 6.5. | Der Tisch aus der Bücher/[illegible] | Uschi LISA | | |
| Montag 16.5. | Fußball für Kicker muß besorgt werden | Rici Dagmar | | ● |
| Mittwoch 18.5 | Bein von der Couch ist kaputt | | Schreiner | ● |
| Dienstag 24.5.88 | Neues Tischfußball Beine mit Muttern festschrauben | Johannes NATALIE Dagmar | | ● |
| Dienstag 24.5. | Tischfußball ist seit heute verschwunden | Hortrat | | ● |

Seite eines Reparaturbuches

sein, daß Erwachsene diese Bemühungen beachten und sich ohne große Umstände selbst an Reparaturen beteiligen. Wichtig ist, daß vieles *sofort* ausgeführt wird. Daher bedarf es hierfür einer kleinen Organisation: Firmenadressen müssen (etwa in der Dokumentensammlung) leicht zugänglich sein, Erzieherinnen müssen mit ihren Kindern selbst Firmen anrufen dürfen. Das für eigene Reparaturen notwendige Werkzeug muß vorhanden sein: Holzleim, verschiedene Schraubenschlüssel, Schraubendreher und Schrauben, Hämmer und Nägel, die Ölkanne, Rohrzangen, Imbusschlüssel usw.

TAGEBÜCHER
siehe: Gruppenbücher

WANDZEITUNG
siehe Kinderkonferenz

WERKSTATTDIPLOME
Ein Diplom ist ein symbolischer Schlüssel zu einer Werkstatt (siehe Abb. S. 77). Es verbindet Freiheit und Verantwortung. Es gibt die Freiheit, *jederzeit* eine Werkstatt zu benutzen. Sein Erwerb läßt etwas von der Verantwortung für sich selbst, Material, Räume und *für andere* spüren. Für andere deshalb, weil jedes Diplom auch dazu berechtigt, andere Kinder oder Erwachsene in eine Werkstatt mitzunehmen, die noch kein Diplom besitzen. Auch Erwachsene dürfen eine Werkstatt entweder nur in Begleitung eines Kindes mit Diplom betreten oder müssen selbst ihr Werkstattdiplom erwerben.

Wer ein Diplom hat, braucht keine besondere Erlaubnis mehr und auch niemanden, der ihn in die Werkstatt begleitet. Kein Kind *muß* irgendein Diplom erwerben. Auch Kinder und Erwachsene ohne Diplom können eine Werkstatt benutzen, sofern sie von jemandem mit Diplom begleitet werden.

Wer sein Diplom machen möchte, trägt sich in die dafür vorgesehene Liste ein. Ist Platz in einer Werkstattgruppe, kommt man dran. Eine Werkstattgruppe besteht in der Regel aus vier Teilnehmern. Sie wird von einem Erwachsenen geleitet. Eine Werkstattgruppe trifft sich (je nach Werkstatt) drei bis vier mal. Für jede Teilnahme wird ein roter Punkt auf die Liste geklebt.

Für die Teilnahme an einer Werkstattgruppe gibt es keine Vorbedingungen. An einer Werkstattgruppe kann auch teilnehmen, wer gar kein Diplom machen möchte. Startet eine Werkstattgruppe, erklärt die Werkstattgruppenleiterin drei Regeln:

1. Licht anmachen
2. Kittel anziehen und zuknöpfen
3. Sich ins Benutzerbuch eintragen

Wo sich Werkzeuge und Material befinden, zeigt sie eher beiläufig oder wenn Kinder danach fragen.

Nun kann jeder anfangen zu arbeiten. Auch die Leiterin der Gruppe arbeitet ernsthaft! Die Kinder suchen sich Material und Werkzeuge und beginnen. Die Leiterin der Gruppe führt keine Aufsicht, berichtigt nicht, greift nicht ein. Sie hilft nur, wenn sie ausdrücklich darum gebeten wird. *Während* des Arbeitens werden die Kinder von ihr auf Regeln aufmerksam gemacht, die für den Arbeitsgang notwendig sind. Das sind vor allem Sicherheitsregeln, beispielsweise, daß in der Holzwerkstatt jedes Werkstück festgespannt werden muß, sowie einige Bearbeitungsregeln (z. B. Umgang mit Ton, damit er nicht austrocknet). Es gilt aber der Grundsatz: *Die Kinder lernen nur die Regeln, die sie während ihrer Arbeit brauchen.* Fällt jemandem nichts eigenes zu arbeiten ein, kann er helfen oder auch nur zusehen. Die Werkstattgruppe ist eine arbeitende Gruppe: Alle arbeiten.

Die Voraussetzungen für das Diplom sind:

1. *Irgendein* Produkt herstellen.
2. Die Regeln, die *ich für meine Arbeit brauche*, kennenlernen und einhalten.
3. Drei- bis viermal an der Werkstattgruppe teilnehmen.

Niemand muß *bestimmte* Fertigkeiten erwerben oder *alle* Werkzeuge oder Techniken ausprobieren! Die Werkstattgruppe ist *kein Grundkurs.* Man lernt das, was man für die *eigene* Arbeit braucht. Kinder tun das, was für sie Sinn macht, was Bezug hat zu ihrem Leben. Sie entscheiden vollkommen frei, was sie tun möchten, übernehmen dafür auch die Verantwortung, indem sie sich z. B. ins Benutzerbuch eintragen. Werkstattgruppen unterscheiden sich von Grundkursen dadurch, daß hier bewußt auf die Vermittlung irgendwelcher Techniken verzichtet wird. Kinder lernen sie von selbst, weil sie subjektiv sinnvollen Tätigkeiten nachgehen. Andere Techniken benötigen sie (vorläufig) auch gar nicht. Es herrscht eine Disziplin, die der sinnvollen Arbeit entspringt. Wer eine Werkstatt als etwas Sinnvolles, das heißt, auch subjektiv Brauchbares kennengelernt hat, verhält sich darin auch verantwortungsbewußter und bedarf keines äußeren Zwanges. Was nicht in der Werkstattgruppe gelernt wurde, lernen Kinder dann, wenn sie es für sich brauchen, und zwar in Selbstverantwortung und tastenden Versuchen. Diese Form der Werkstattorganisation hat sich in Wiesbaden in mehr als zehn Kindertageseinrichtungen über nun fast 18 Jahre hinweg bewährt.

Nach Beendigung der Werkstattgruppe erhält jeder Teilnehmer sein Diplom mit Foto. Ein zweites Foto wird an die Werkstattür oder in die Werkstatt gehängt. Wir empfehlen dafür eine Sofortbild-Kamera. In der Regel arbeiten die Kinder unmittelbar danach weiter, benutzen also ihren neu erworbenen Schlüssel zur Werkstatt sofort.

### Werkstatträte

Manchmal werden Werkstätten durch Werkstatträte verwaltet. Sie setzen sich dann meist aus Kindern zusammen, die dazu Lust haben, und der erwachsenen Verantwortlichen für die entsprechende Werkstatt. Zuweilen finden auch „Wahlkämpfe“ statt, und die Werkstatträte werden gewählt. Matti und Christoph, beide neun Jahre alt, haben einen solchen Wahlkampf veranstaltet. Christoph hat mit dem Slogan *„Wählt Christoph. Christoph ist der Beste!“* gekämpft. Mattis Wahl-

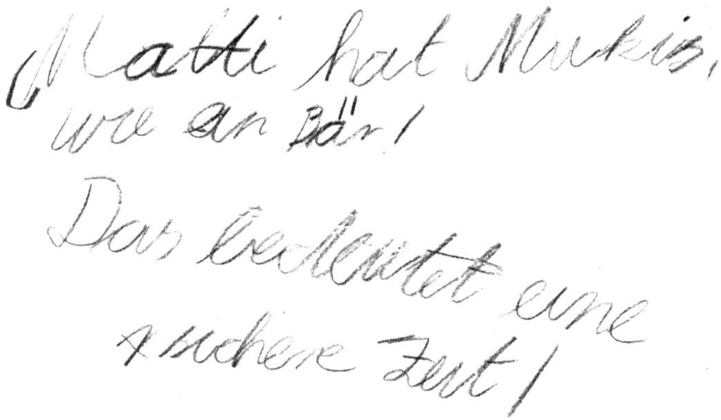


„Wahlkampf“ zur Wahl des Forschungsrates. Matti wurde gewählt.

kampfmotto lautete: *„Matti hat starke Muckis. Das bedeutet eine sichere Zeit.“* Ihre Parolen wurden auf Zettel geschrieben und überall verteilt. Beide haben als einzige Bewerber für den Forscherrat kandidiert. Beide wurden gewählt. Jeder bekam alle Stimmen.

Werkstatträte verfügen über Geld, unterschreiben die Diplome und verteilen sie, kaufen ein und regeln, was es zu regeln gibt. Ihre „Amtszeit“ ist sehr sehr unterschiedlich. Wir kennen Werkstatträte nur mit Schulkindern.

WOCHENPLAN

Auch beim Wochenplan kennen wir viele Formen. Wir möchte zwei näher beschreiben.

Der Wochenplan ist ein Instrument, das Kindern helfen soll, sich im Zeitintervall Woche zu orientieren. Er verplant nicht in dem Sinne, daß er Kinder auf irgend etwas festlegt. Uns gefallen große Pläne gut (1,50 mal 2 Meter), die niedrig genug angebracht sind, daß Kinder sie ohne Probleme erreichen. Sie enthalten *alle* Tage der Woche.

Jüngere Kinder füllen jeden Tag mit ihren Aktivitäten. Sie haben dazu Kärtchen gemalt, gezeichnet, beklebt. Jedes Kind hat seine eigenen. Im Morgenkreis oder auch individuell hängen Kinder jeden Tag für bestimmte Vorhaben ihre Kärtchen in den Plan. Es müssen nicht alle Vorhaben da hängen, auch nicht von allen Kindern. Manchmal einigen sie sich auf eines. Was hängt, verpflichtet nicht zu etwas. Es sind ganz unterschiedliche Aktivitäten. Ähnlich der Abmeldetafel spiegelt auch der Wochenplan etwas aus dem Leben der Kinder wieder und macht das sichtbar. Nebenbei erwerben die Kinder ein Gefühl für Zeitintervalle, Reversibilität und Planungsweisen.

Wochenplan

Für Montag und Dienstag tauchen u. a. folgende Aktivitäten im Wochenplan auf:

- Arbeitsaufträge aus der Arbeitsbesprechung (A)
- verschiedene individuelle Termine von Kindern
- Töpferrat
- Holzwerkstatt
- Tanzkurs
- die Pausen der Erzieherinnen
- Töpferdiplom

Ältere Kinder nutzen den Wochenplan wie einen Kalender. Sie hängen auf, was sie sich merken wollen: früher nach Hause gehen, Termine für Werkstattdiplome, Besuchstermine, Arbeitsvorhaben, besondere Aktivitäten etc. Seine Benutzung ist absolut freiwillig und kann vollkommen dem individuellen Bedarf angepaßt sein.

ZETTELEI
siehe Kinderkonferenz

# 5. Wie beginnen – (Fast) Keine Ratschläge

Wir wollen vor allem zum Experiment ermutigen. Dies könnte folgendermaßen aussehen:

Ein Team kommt mit der Freinet-Pädagogik in Kontakt, liest dieses Buch, besucht eine Schulklasse oder eine der Kindertageseinrichtungen, deren Anschriften im Anhang aufgeführt sind.

Bevor es losgeht, durchforsten die Erzieherinnen die eigene Einrichtung erst einmal mit Kinderaugen. Sie stöbern die Bereiche aus dem Leben der Kinder auf, die noch keinen oder zu wenig Platz im Alltag der Einrichtung haben. Am wichtigsten scheint davon im Moment der nahe gelegene Kiosk zu sein.

Die Erzieherinnen wissen aber nicht, wie sie es anstellen sollen, den Kindern den Weg dorthin zu ebnen. Sie können sich auch auf noch keine Beobachtungen stützen. Bisher war das gesamte Gelände außerhalb der Einrichtung tabu.

Eine Gruppe probiert es mit einer ZETTELEI: Ein großes Plakat an der Wand, ein Kästchen mit Zetteln und Stiften daneben. Eine Erzieherin „weiht" die Zettelei ein. Sie malt den Kiosk auf einen Zettel und schreibt ihren Namen darunter. Im nächsten Stuhlkreis macht sie den Vorschlag, daß ihr Zettel besprochen wird. Sie holt ihn von der Zettelei und fordert die Kinder gleichzeitig auf, selbst Zettel daran zu hängen, falls sie etwas zu besprechen hätten.

Sie erzählt, warum sie den Kiosk aufgemalt hat. Die Kinder beschließen, zunächst einmal gemeinsam zum Kiosk zu gehen. Im Aufzählen der möglichen Gefahren sind sie ungeheuer kreativ. Es scheint ein wirklich abenteuerlicher und sehr sehr gefährlicher Weg zum Kiosk um die Ecke zu sein.

Der Besuch beim Kiosk endet in einem kleinen Chaos: 23 Kinder und zwei Erzieherinnen in dem winzigen Kiosk, das ist einfach zu eng. Jedes Kind merkt dies.

Kinder und Erzieherinnen bleiben noch eine ganze Weile bei diesem Thema. Nach vielen Wochen sieht es so aus:

Einige wenige Kinder fühlen sich selbst schon selbständig genug, auch ohne Begleitung zum Kiosk zu gehen. Sie spüren auch ein Bedürfnis danach. Und sie haben „bewiesen", daß sie es können. Sie haben eine Erzieherin und eine Mutter blind von der Einrichtung zum Kiosk geführt.

Die anderen Kinder gehen entweder in ganz kleinen Gruppen mit einem der älteren oder mit einer Erzieherin. Die Erzieherinnen mußten dies extra einplanen und in ihrem Dienstplan berücksichtigen, damit noch jemand anderes in der Gruppe bleiben kann. Die älteren Kinder haben dabei mitüberlegt.

In der Gruppe haben sich über die Wochen und Monate hinweg viele Veränderungen, fast könnte man sagen, einfach zwangsläufig ergeben:

Die Kinder haben nun festgestellt, daß die Erwachsenen sie auch ansonsten ohne unmittelbare Aufsicht lassen wollen und inzwischen auch können. Dadurch eröffnen sich ihnen ganz neue Räume. Außer den meisten Dreijährigen und einigen Vierjährigen besitzen alle inzwischen eine eigene Abmeldetafel, manche Kinder schon die zweite, inzwischen wieder veränderte.

Die Zettelei gehört mittlerweile zum Alltag. Die Gruppe wollte für die Zettel ein Kästchen herstellen. Eine Erzieherin ergriff darauf hin die Initiative, besorgte Werkzeug und Material und richtete eine kleine Holzwerkstatt ein. Natürlich waren fast alle Kinder sofort daran interessiert, dort auch „richtig" arbeiten zu dürfen. Den ersten Ansturm hat die Erzieherin noch selbst bewältigt. Sie war für einige Zeit fast ganztags in der Werkstatt und arbeitete mit den Kindern. Dann aber war das wegen Personalausfalls nicht mehr möglich.

Das Team beschloß daraufhin die Einführung der Diplome auszuprobieren. Weil den Kolleginnen aber der Begriff „Diplom" nicht gefällt, nennen sie das Ding den „Kann-Schein". Er zeigt, was ich schon kann! Zunächst erwerben einige weitere Erzieherinnen den Kann-Schein. Sie dürfen nämlich sonst die Werkstatt nicht ohne Begleitung betreten. Nach und nach erlangen immer mehr Kinder ebenfalls die Berechtigung, auch ohne Beaufsichtigung in der Werkstatt zu sein. Nach einem Jahr besitzen 24 Kinder und fünf Erzieherinnen den Kann-Schein.

Für die Erzieherinnen war dies eine sehr wichtige Zeit: Sie haben *erlebt*, wie verantwortungsvoll sich Kinder verhalten können, wie kompetent sie in der Regel ihre eigenen Kräfte einzuschätzen vermögen und wie erleichternd es sein kann, sie selbst zu Akteuren werden zu lassen.

Heute, nach knapp zwei Jahren, sind selten alle 23 Kinder zugleich im Gruppenraum. Inzwischen ist auch eine Töpferecke und ein Künstleratelier eingerichtet. Ein Handarbeitsatelier ist in Planung. Die Zettelei ist beliebt, Abmeldetafeln ebenfalls. Eine Erzieherin geht mittlerweile regelmäßig mit einigen Kindern auf „Gefahrensuche". Was sie finden, berichten sie den anderen. Im Flur hängt ein riesiges Buch. Darauf sind ein Hammer und eine Säge zu sehen: das Reparaturbuch. Nach jedem Rundgang tragen die Kinder ein, was zu tun ist: Ein Bild zeigt z. B. einen Wasserhahn mit einem Tropfen, der durchgestrichen ist.

Nun merken die Erzieherinnen, wie schön es wäre, all diese Erlebnisse auch zu dokumentieren und zu sammeln. In der Holzwerkstatt werden daher mehrere Kisten gebaut: eine für Adressen, eine für Fotos, eine für „Kram". Die Dokumentensammlung entsteht.

So oder ähnlich könnte es aussehen, dieses „Beginnen". Wir meinen, es *muß* sich überall anders gestalten, weil es unterschiedliche Lebenslagen, Anlässe oder auch Absichten und Ziele gibt. Wir haben versucht, ein wenig nachzuzeichnen, wie dies im Dialog mit den Kindern aussehen könnte.

Wandzeitung aus einer Holzwerkstatt

# 6. Freinet-Pädagogik – ein modernes kindzentriertes Konzept

Die Schriften der Reformpädagogik haben in den letzten Jahrzehnten eine von den Autorinnen und Autoren nie erahnte Verbreitung gefunden. Auch Freinets Veröffentlichungen stoßen lange nach seiner aktiven Zeit auf ein anhaltendes Interesse. Zwar werden seine Ansätze nach wie vor überwiegend in der Schule diskutiert und weiterentwikkelt, doch finden sie auch in der Kindertagesbetreuung zunehmend Verbreitung.

Wie kommt dieses Interesse zustande, und was macht die Aktualität Freinets in diesem Feld heute aus? Es muß wohl eine Erwartungshaltung geben, in die seine Pädagogik „paßt“; sie scheint Fragen zu beantworten, die gerade gegenwärtig besonders häufig gestellt werden, wenn es um moderne Kindertagesstättenarbeit geht.

Ein breites sozialpädagogisches Einverständnis verbindet heute Fachkräfte, Aus- und Fortbildung im Bereich der Kindertageseinrichtungen: Es geht in allen pädagogischen Konzepten und Verlautbarungen darum, dem Kind mit seinen Bedürfnissen und Entwicklungschancen möglichst gerecht zu werden. Bei aller Unterschiedlichkeit und Widersprüchlichkeit in der gelebten Praxis ist der pädagogische Zeitgeist eindeutig: Noch nie war das Kind in der öffentlichen Erziehungseinrichtung so beachtet und umsorgt, seine Entwicklung so intensiv begleitet wie heute. Eine ganze Literatur widmet sich einem besseren Verständnis der Kinder seitens der Erwachsenen. „Der kompetente Säugling“[1], „Die kleinen Philosophen“[2], „Seht doch, was ich alles kann“[3], „Von Kindern lernen – mit Kindern leben“[4] sind appellativer Ausdruck dieser Haltung, die das Verstehen des Kindes stärker in das Blickfeld rücken will. Kindzentrierung muß ganz im Sinne von Rousseau sein: *„Die Kindheit hat ihre eigene Weise zu sehen, zu denken und zu empfinden. Nichts ist unsinniger, als ihr die unsrige unterschieben zu wollen.“*[5] Der Begriff der Kindzentrierung ist zuletzt von

[1] Dornes 1993
[2] Zoller 1991
[3] Krenz 1993
[4] Kazemi-Veisari 1995
[5] Rousseau 1968, S. 207

Hebenstreit in seinem Buch „Kindzentrierte Kindergartenarbeit“[6] explizit zum Konzept einer modernen Kindergartenpädagogik gemacht worden. Die pädagogische Tradition, die hier fortgesetzt und konsequent erneuert wird, muß in verschiedene Bezüge eingebettet gesehen werden.

Zunächst: Was ist mit Kindzentrierung genau gemeint?

Kindzentrierung heißt in unserem Verständnis:

- von den Bedürfnissen und Interessen sowie dem Rhythmus des *einzelnen* Kindes auszugehen;
- die *subjektiv erlebte* Gegenwart des Kindes wahrzunehmen und zu gestalten;
- auf die Kräfte des Kindes vertrauen, seine Persönlichkeit wertzuschätzen;
- die Entwicklungsbedingungen und -gesetzmäßigkeiten des Kindes zur Grundlage der pädagogischen Arbeit zu machen;
- die Zurücknahme des erwachsenen „Vorauseilens“, Besserwissens und Beherrschens;
- mit dem Kind einen Dialog zu führen.

Unter dem Fokus der Kindzentrierung wollen wir untersuchen, was die Modernität Freinets heute ausmacht. Wir betrachten diesen Fokus aus mehreren Blickwinkeln, die eng miteinander verwoben sind: der erziehungsgeschichtlichen, der entwicklungspsychologischen, der erziehungstheoretischen und der jugendhilfepolitischen Dimension. Schließlich vergleichen wir Freinet mit anderen modernen Konzeptionen, die in der Kindertagesbetreuung als besonders kindorientiert gelten.

## *6.1. Die erziehungsgeschichtliche Dimension*

Erziehungsgeschichtlich beginnt Kindzentrierung mit der Entdeckung des Kindes als einem vom Erwachsenen unterschiedener Mensch: Halten wir uns vor Augen, daß „Kindheit“ ein kulturelles Phänomen ist. Kindheit als ein vom Erwachsenenalter abzugrenzender Lebensabschnitt, d. h. die Wahrnehmung des Kindes als Mensch mit eigenen Bedürfnissen und eigenem Entwicklungsverlauf, ist in der menschlichen Kulturgeschichte eine relativ neuer Vorgang. Mit

[6] Hebenstreit 1994

der „Erfindung der Kindheit“[7] sind vor allem Namen wie Comenius, Rousseau, Pestalozzi und Fröbel verbunden. Mit ihnen beginnt eine lange Reihe von Pädagoginnen und Pädagogen, die – in jeweils unterschiedlicher Ausprägung und Gewichtung – erkannten und formulierten, daß Kinder Kinder sind: Sie haben ihnen eigene Rechte, eigene Zeit, eigene Lebensräume und eigene Entwicklungsgesetze zugestanden. Mit Piaget und Korczak haben wir in unserem Jahrhundert besonders hervorragende Persönlichkeiten bei der Erforschung des Kindlichen und im Eintreten für Kinder gehabt.

Bei aller (berechtigten) Kritik an kinderfeindlichen Erziehungs- und Bildungsarrangements, bei aller „schwarzen Pädagogik“[8] – der gewalttätigen, auf die Unterdrückung und Abrichtung des Kindes bedachten Erziehung –, die ebenso die Geschichte der Erziehung begleitet hat und Ausläufer bis heute zeitigt, muß doch ein breiter zivilisatorischer Prozeß zu mehr Verständnis der kindlichen Entwicklung, mehr Orientierung an kindlichen Bedürfnissen und mehr pädagogischem Einsatz für Kinder seitens der Erwachsenen festgestellt werden. Die Reformpädagogik und die „revolutionäre“ Abkehr von der überlieferten bürgerlichen Pädagogik in den sechziger und siebziger Jahren hat bedeutende Entwicklungsschübe in diese Richtung gebracht Die Flut der pädagogischen Fachliteratur, die Erziehungsratgeber auf dem Buch- und Zeitschriftenmarkt, die Ausbildung und Fortbildung der Pädagogen – im großen und ganzen fahren sie heute alle im Fahrwasser „Vom Kinde aus denken“, zumindest dem Anspruch nach. Bei aller Brüchigkeit und Unvollkommenheit in der praktischen Umsetzung gilt die gesellschaftliche Übereinkunft: Schule – von der Paukanstalt zum Erfahrungsraum; Kindertagesstätte – von der Verwahrlosten-Einrichtung zum Lebensraum für Kinder. Wir haben heute mehr Kindorientierung als je zuvor. Das ist an sich ein pädagogisch begrüßenswerter Vorgang.

Fröbel war der erste, der kindorientierte Sichtweisen schon bei Kleinkindern in praktisches Handeln umsetzte, indem er „Spielgaben“ erfand und „Kindergärten“ gründete. Montessori knüpft daran mit der Entwicklung didaktischer Materialien an, bringt aber auch mit der wissenschaftlichen Sicht der Entwicklungsförderung des Kindes einen neuen Impuls. Mit der Ausrufung des Jahrhunderts des Kindes durch Ellen Key 1900 und der Periode der Reformpädagogik im ersten Drittel unseres Jahrhunderts, in der zahlreiche innovative An-

---

[7] von Hentig 1975
[8] Rutschky 1977

sätze in der Schulpädagogik eine kindgemäßere Erziehung und Bildung zu verankern suchten, gab es auch im Schulwesen einen starken Schub zu mehr Kindorientierung.

Freinet muß zeitlich und ideologisch in die Periode der Reformpädagogik eingeordnet werden. Allerdings hat er seinerseits seine ideengeschichtlichen Wurzeln in der ersten Generation vor allem französischer Reformpädagogen[9]. Besonderen Einfluß auf ihn hatten Ferrière und Decroly, unter den deutschen Schulreformern waren es Petersen und Geheeb. Freinet war zwar kein genialer Vordenker; er hat seine Pädagogik nicht ausschließlich aus sich heraus entwickelt. Es ist ihm allerdings gelungen, geeignet erscheinende Elemente anderer Reformpädagogen so zu integrieren, daß daraus ein eigenes Konzept entstehen konnte. Dies ist in sich „abgerundet“. Auch auf der organisatorisch-strukturellen Seite der reformpädagogischen Bewegung war Freinet sehr aktiv; er gründete u. a. die internationale Bewegung der Modernen Schule (F.I.M.E.M., siehe auch Kapitel 2.1. und 2.6.).

Freinet war in Deutschland lange „unentdeckt“, seine Schriften bei uns eher schwer zugänglich. Das änderte sich erst nach dem zweiten Weltkrieg. Seine eigentliche Entdeckung in Deutschland geschah in den sechziger Jahren im Zuge der Reformen im Grundschulbereich (methodische Differenzierung, Arbeitspädagogik, Freie Arbeit). 1965 erschien eines seiner Hauptwerke – „Die moderne französische Schule“ – erstmals in deutscher Übersetzung. Es folgte eine stattliche Reihe von schulbezogener Sekundärliteratur, in die sich seit den achtziger Jahren erste Veröffentlichungen aus dem Feld der Hortbetreuung mischten. Die zunehmende Rezeption Freinets im Feld der Kindertagesbetreuung weist auf die gute „Passung“ seiner pädagogischen Ideen und deren praktischer Umsetzbarkeit gerade auch in diesem Feld hin.

Gleichwohl stellt sich die Frage, warum Freinet im Unterschied zum Schulbereich – und dort auch noch längst nicht allgemein – im Kindertagesstättenbereich bisher nur punktuelle Verbreitung gefunden hat, wobei doch das pädagogische Selbstverständnis und die Arbeitsweisen in der Tagesbetreuung von Kindern eine eifrige Übernahme seiner Ideen und Arbeitsformen geradezu aufdrängen sollten.

Eine Antwort scheint uns sicher darin zu liegen, daß Schule und Kindertagesbetreuung bei uns gegeneinander ziemlich stark abgeschottete Bereiche sind. Eine Orientierung an schulischen Konzepten liegt Erzieherinnen eher fern, zumal sich Freinet in seinen eigenen

[9] Hagstedt 1996, S. 217

Schriften wenig systematisch darstellt und die Sekundärliteratur sich nur auf schulische Arbeit bezieht. Er wird auch ausdrücklich als Schulpädagoge „verkauft", als „Lehrer" und nicht etwa als „Pädagoge" bezeichnet.

Zum zweiten erschließt sich Freinets Praxis nicht ohne weiteres von selbst. Die Umsetzung seiner Ideen und die Übernahme und Weiterentwicklung seiner Arbeitsformen verlangt Engagement, Auseinandersetzung und praktische Beweglichkeit. Praxis im Freinetschen Sinne ist kein „Selbstläufer"; sie muß immer wieder neu erarbeitet und reflektiert werden. Das glückt in der Regel nur in einem kontinuierlichen Austausch mit Kolleginnen. Es ist also ein besonderer persönlicher Einsatz nötig.

Zum dritten mag es der politische Freinet schwer machen, sich seiner Pädagogik zuzuwenden. Wenn man weiß, daß bei ihm Leben und Werk eine Einheit bildeten, und man Freinets politischem und gewerkschaftlichem Engagement und/oder seiner zeitweiligen Mitgliedschaft in der fränzösischen kommunistischen Partei distanziert gegenübersteht, wird man seinem pädagogischen Gedankengut möglicherweise mit Mißtrauen begegnen.

Schließlich – und das ist vermutlich die gewichtigste Ursache – erfordert es Freinets Bild vom Kind und seine Auffassung von der Erziehung, die eigenen Haltungen zu überprüfen und in Frage zu stellen, als erziehender Erwachsener das eigene Verhältnis zum Kind unter weitgehender Aufgabe von Machtansprüchen neu und positiv zu definieren – und das in einer beruflichen Umgebung, die von vornherein für sich in Anspruch nimmt, weitaus kindorientierter zu sein als die Schule.

Daß Freinet seit den siebziger Jahren stärker rezipiert wird, ist dennoch kein Zufall. Wie viele pädagogische Konzepte, die sich als Gegenmodell zur bürgerlichen Gehorsamspädagogik verstehen, bietet er Antworten auf Fragen, die sich Praktikerinnen und Praktiker stellen, wenn sie ihre Praxis kindgemäß schlüssiger gestalten wollen.

## 6.2. Die entwicklungspsychologische Dimension

Spätestens seit Piagets bahnbrechenden Forschungen über die geistige und moralische Entwicklung des Kindes weiß die pädagogisch-psychologische Wissenschaft, daß das Kind sich in seinen Denkstrukturen vom Erwachsenen qualitativ und grundsätzlich unterscheidet. Es durchläuft mehrere Phasen in seiner Entwicklung, in denen es sich das intellektuelle Instrumentarium, das den meisten Erwachsenen zur Verfügung steht, erst mühsam erarbeiten muß. Manche für uns einfache und logische Sachverhalte können Kinder auf bestimmten Entwicklungsstufen nicht nachvollziehen, auch wenn wir sie noch so klar und freundlich erklären. Kindheit ist bei aller sonstigen Ähnlichkeit von kleinen und großen Menschen ein Lebensabschnitt mit eigenen Gesetzmäßigkeiten. Kindzentrierung heißt in diesem Zusammenhang nichts anderes, als diese Gesetzmäßigkeiten zu verstehen und die Andersartigkeit des Kindes als dessen Eigentümlichkeiten zu akzeptieren.

Die moderne Entwicklungspsychologie ist außerdem zu der Überzeugung gelangt, daß der Mensch vom frühesten Alter an seine Entwicklung selbst gestaltet, er ist ein sich selbst entwickelndes Individuum.[10] Das Kind ist aktiver Gestalter seiner Entwicklung – trotz und wegen aller Einflüsse von außen, auf die es selbstverständlich angewiesen ist, denn Entwicklung ist ein wechselseitiger Prozeß zwischen Individuum und Gesellschaft. Das qualitativ Neue an Piagets Theorie ist, daß sie sich nicht einfach in die Debatte darüber einmischt, ob den Erb- und Reifungsfaktoren oder den Umwelteinflüssen vorrangiger Einfluß auf die Entwicklung zukomme. Sie nimmt stattdessen das Wechselspiel zwischen Person und Umwelt in den Blick. Sie beschäftigt sich mit dem Gleichgewicht zwischen Selbst und Umwelt, auf das beide einwirken, und das die Realität ausmacht.[11]

Dazu ein Beispiel: Wenn ein Kind laufen lernt, ist das für dieses Kind etwas Neues und nicht zwangsläufig Feststehendes. Das Laufenlernen entsteht in einer Wechselwirkung zwischen der körperlichen Reifung, dem Bedürfnisstand des Kindes und seiner Auseinandersetzung mit seiner sozialen Umwelt. Das krabbelnde Kind erfreut sich eine Zeit lang an seinen Handlungsmöglichkeiten, die mit der Ortsveränderung verbunden sind. Irgendwann reichen seine Bedürfnisse

[10] Oerter/Montada 1993

[11] Kegan 1994, S. 70

weiter, als die Möglichkeiten, die es auf allen Vieren hat. Es will einen Ball mitnehmen, schneller vorankommen oder es einem älteren Kind nachtun, das bereits laufen kann. Sein zunehmender Anspruch steht zunächst im Gegensatz zu seinen derzeitigen Bewegungsfähigkeiten.

Aus dem Gegensatz entsteht eine neue Bedeutung: Das Kind folgt seinem eigenen Rhythmus, spürt den anstehenden nächsten Entwicklungsschritt und entdeckt die faszinierende Lösung des Laufens in einer ganz spezifisch eigenen Form (bis hin zur Ausbildung eines ganz individuellen Gangs). Es erreicht eine höhere Stufe der Selbstorganisation als Folge des eigenen Eingreifens in die Welt, seine Entwicklung zeigt sich in einer individuell eigenen Gestalt.

Die Entwicklungspsychologie bestätigt ebenso uraltes Alltagswissen der Menschheit mit der Erkenntnis, daß Kinder mit den Sinnen, den Händen und durch Bewegung lernen. Kinder müssen be-greifen, sie brauchen zum Lernen die Anschauung, die Betätigung, das Hantieren.

> *„Die Fähigkeit des Greifens bildet die Voraussetzung für die Fähigkeit, Werkzeuge zu benutzen … Möglicherweise trägt der Werkzeuggebrauch dazu bei, daß wir uns außerhalb unseres Körpers auf einer reflektiven Ebene bewegen können; vielleicht bildet er den Ursprung unseres Selbst-Bewußtseins … Was wir heute mit der Hand be-greifen, begreifen wir morgen vielleicht mit dem Kopf.“*[12]

Kindorientierung heißt deshalb entwicklungspsychologisch, daß die aktive Auseinandersetzung des Kindes mit seiner Umwelt zum Aufbau der eigenen Persönlichkeit zwingend notwendig ist. Eigene Erfahrung des Kindes zu verhindern, indem man ihm beispielsweise durch Vormachen, Zeigen oder gar Warnungen das eigene Entdecken abzunehmen versucht, schadet seiner Entwicklung. Piaget hat selbst die Auffassung vertreten, daß vom Kind nichts verstanden werden könne, was es nicht durch immer wieder neues Ausprobieren selbst erfunden und entdeckt habe. *„Begreifen heißt erfinden“*, ist sein Prinzip für selbstbestimmtes Lernen. *„Wenn Sie das Kind etwas lehren, so hindern Sie es daran, es selbst zu entdecken. Sie stiften Schaden“*, soll er vor einer Versammlung von Lehrern einmal gesagt haben.[13] Pädagogik muß sinnliche, handgreifliche Erfahrungen ermöglichen, zulassen und fördern. Freinet hat diese Erkenntnis in all seinen pädagogischen Aktivitäten gelebt und in vielfältiger Weise von Kindern bestätigt bekommen; zu recht spricht man deshalb von seiner Praxis als der *„Pädagogik der*

---

[12] Kegan 1994, S. 40
[13] nach Negt / Kluge 1981, S. 624

*denkenden Hand*"[14]. Nach Freinet bedarf das Kind für selbstbestimmtes Lernen keiner besonderen Lernmotivation, schon gar keiner von außen, sondern der Freiheit der Sinngebung. Der Sinn als handlungsleitendes Motiv wird von ihm an vielen Stellen hervorgehoben.

Ein weiterer entwicklungspsychologischer Aspekt ist in diesem Zusammenhang die Auseinandersetzung des Kindes mit seiner Umwelt durch das Spiel. Die „erwachsene" begriffliche Trennung von Spiel und Arbeit ist in bezug auf die kindliche Entwicklung unscharf und ungeeignet. Das Spiel als typische und elementare Ausdrucksform der kindlichen Persönlichkeit und als Medium seiner Entwicklung ist in der Bedeutung für das Kind auch Arbeit, und Arbeit ist auch Spiel. Die Übergänge sind fließend. Freinet hat dies nicht nur erkannt, sondern ausdrücklich zum Gegenstand seiner didaktischen Überlegungen gemacht. Seine Begriffe jeu-travail (Spiel mit Arbeitscharakter) und travail-jeu (Arbeit mit Spielcharakter) machen die Ganzheitlichkeit dieser Ausdrucksformen für das Kind deutlich und fordern den Erwachsenen auf, seine – für ihn berechtigte – begriffliche Differenzierung nicht voreilig auf die Entwicklungsrealität des Kindes zu übertragen. Dieses Verständnis wirkt einer Überfrachtung der Kindertagesstätte als „Spielzimmer" mit einer Überfülle fertigen Spielzeugs entgegen, ebenso einer Ausgrenzung von arbeitsähnlichen Anteilen aus dem Alltag, und begünstigt die Gestaltung einer Umgebung, die Spiel und Arbeit als Einheit auffaßt.

## 6.3. *Die erziehungstheoretische Dimension*

Sie betrachtet, ausgehend von unserem Bild vom Kind, das Verhältnis der Erwachsenen zum Kind. Was ist Erziehung im heutigen gesellschaftlichen Kontext, und wie sehen wir unsere Rolle – zumal als professionelle Pädagogen – gegenüber dem Kind? Wäre Kindzentrierung allgemein verwirklicht, wäre sie synonym mit Erziehung, und sei es nur der Kindertagesstättenerziehung, wäre unser Buch überflüssig. Kindzentrierung ist jedoch in der Praxis vielfach gebrochen, inkonsequent, mißverstanden.

In der Folge der gesellschaftlichen Auf- und Umbrüche in den sechziger und siebziger Jahren kam es auch in der Pädagogik zu einer

[14] Völkel 1986

Suche nach neuen Orientierungen. Gegenüber der teilweise radikalen Infragestellung der überlieferten Erziehungsvorstellungen wurden mit der Betonung der Selbstbestimmung des Kindes oft ebenso radikale Gegenmodelle entwickelt. Der bloßen Ablehnung des Vorgefundenen folgte eine bis heute andauernde vielfältige Suche nach der „richtigen" Erziehung. Die gegenwärtig beobachtbare Krise der Erziehung, die bisweilen gestellte Frage, ob die Erziehung am Ende sei, weist vielmehr auf die Schwierigkeit hin, Erziehung zu praktizieren, zumal in gesellschaftlich komplexer werdenden Umständen und bei der Auflösung und Pluralisierung von Werten.[15]

Die Realität der Kinder heute ist: Sie sind überwacht, kommerzialisiert, medialisiert, verhäuslicht, verplant. Was als angeblich kindgemäße Gestaltung von Lebensräumen, Zeiten und Angeboten daherkommt, entpuppt sich bei näherer Betrachtung oft als Verpädagogisierung des Kindlichen, als *„fürsorgliche Belagerung"*[16]. Die Pädagogisierung vieler Lebensbereiche bedeutet einerseits eine wichtige Hilfe für die Entwicklungsmöglichkeiten von Kindern, andererseits heißt ein Leben in Institutionen für Kinder aber auch, die rationalisierte und bürokratische Organisationslogik der Erwachsenen zu übernehmen, die ihre Möglichkeiten für selbstbestimmte Erfahrungen einschränkt.

Die strukturelle Gewalt, die Kindern – sicher unbeabsichtigt – in den Institutionen widerfährt, ist gewissermaßen der „blinde Fleck" in den Augen der Pädagogen. Sie wird behandelt wie ein Naturgesetz. Hinzu kommt der subjektive Faktor: Uns Erwachsenen fällt es oft genug schwer, alternative, kindgemäßere Lernformen einzuführen, selbst wenn wir wollen, weil wir sie aus der eigenen Sozialisation nicht kennen und den mühsamen Weg der Neuentdeckung gehen müssen.

Dies geschieht vor dem Hintergrund eines in unserer Zivilisation stattfindenden Prozesses, der Erwachsene und Kinder tendenziell voneinander entfernt. Kindheit verschwindet, allerdings nicht durch die Angleichung von Moden, Konsumverhalten und Lebensgewohnheiten, wie Postman es beschreibt.[17] Wir haben es heute mit einer subtilen Ausgrenzung der Kinder aus der Welt der Erwachsenen zu tun. Die Erwachsenenwelt wird bei zunehmender Rationalisierung und Globalisierung der Lebensformen gleichzeitig abstrakter und entsinn-

---

[15] vgl. die Ausführungen von Hans Thiersch in Vogt 1997

[16] Berg 1994

[17] Postman 1983

lichter. Sie stellt immer komplexere Anforderungen an unsere sozialen und intellektuellen Kompetenzen. Die Ausstattung und die Entwicklungsgesetze der Kinder hinken dem zunehmend hinterher. Um als Erwachsener sozial und beruflich einen Platz zu finden, sind immer längere Entwicklungswege und teilweise mehrfache Ausbildungsgänge vonnöten, und diese garantieren keineswegs den gewünschten Erfolg. Die Lern- und Anpassungsanforderungen an Kinder nehmen zu.

Zwar gibt es Anpassungstendenzen zwischen Erwachsenen- und Kinderwelt, wie es Postman beschreibt. Die Gefahr der Diskrepanz der Erwachsenenwelt von der Kinderwelt wächst aber trotz der Angleichung des kulturellen Gehabes.

> *„Anläßlich einer gesellschaftlichen Entwicklung, die durch eine sich immer mehr beschleunigende und weltweit ausdehnende räumliche und soziale Vernetzung dazu tendiert, Erfahrungen nicht mehr als unmittelbar sinnlich wahrnehmbare, sondern vielfach vermittelte zu erleben und zu verarbeiten, wird die Diskrepanz zwischen der ... Naturausstattung des Säuglings und der Welt, in die er hineinwachsen soll, zunehmend größer."*[18]

Den Eigenwert der Kindlichkeit, das Bedürfnis und die Notwendigkeit der unmittelbaren Erfahrung, gilt es aber gerade angesichts dieser Entwicklung abzusichern. Kinder brauchen Raum und Zeit für *ihre* Entwicklung.

Erziehung ist die gesellschaftliche Reaktion auf die Entwicklungstatsache.[19] Sie ist notwendig als kultureller, wechselseitiger Prozeß zwischen der erwachsenen und heranwachsenden Generation. Entwicklung geschieht immer im Spannungsverhältnis von gesellschaftlicher Anpassung und individueller Handlungsfreiheit. Kindorientierung in diesem Spannungsverhältnis drückt sich im Dialog des Erwachsenen mit dem Kind aus. Dialog heißt jedoch nicht die partnerschaftliche Erziehung, die so verstanden wird, daß sie jeden Unterschied zwischen Erwachsenen und Kindern leugnet. Gemeint ist auch nicht ein laissez faire, das das Zusammenleben allein von den Wünschen der Kinder bestimmen läßt. Freinet sagt selbst:

> *„Im Gegensatz zu gewissen Theoretikern einer modernen Erziehung denken wir nicht daran, die Kinder ausschließlich nach ihren Neigungen und ihrer persönlichen Phantasie arbeiten zu lassen. Dies hieße, sie über das wirkliche Leben täuschen, und würde sie früher oder später mit den Forderungen, die die Umwelt und die Gemeinschaft an sie stellen, in Konflikt bringen."*[20]

---

[18] Hebenstreit 1994, S. 85
[19] Bernfeld 1979
[20] Freinet 1980, S. 34

Es bleibt bei allem Verzicht auf formale Autorität (das Kind beherrschen wollen, weil ich als Erwachsener mehr wert bin, mehr kann, mehr weiß) ein Beziehungsgefälle, das Gefälle der Verantwortung und Zuneigung. Es bleibt auch die gesellschaftliche Anforderung an das Kind, in eine soziale Umwelt hineinzuwachsen. Der Erwachsene behält eine

> *„Identifikation mit dem Kind, die dessen Gegenwart und Zukunft gleichermaßen im Blick hat und deshalb die Führung nicht der Zufälligkeit der begleitenden Schritte anvertraut ... Dabei ist Identifikation mit der noch werdenden Persönlichkeit des Kindes kein gewaltsames oder manipulierendes Unterdrücken des Kindes, sondern ihr Gegenteil: Erziehung ist aufschließende Perspektive.“*[21]

Diese aufschließende Perspektive, das beständige, liebevolle Eintreten für die Entwicklungsmöglichkeiten des Kindes und der Respekt des Erwachsenen für die notwendige und oft mühsame Eigenleistung des Kindes in seinem Auseinandersetzungsprozeß mit der Umwelt sind es, was wir bei Freinet an vielen Stellen wiederfinden. Sein Verdienst ist die Betonung der *subjektiv* erlebten Gegenwart *des Kindes* als Dreh- und Angelpunkt für kindorientierte Pädagogik (sein „Bezug zum Leben“). Und gerade in seiner Reflexion gelebter kindzentrierter Erziehungspraxis, erweist sich die Tragfähigkeit seiner Pädagogik auch in erziehungstheoretischer Hinsicht.

Kindzentrierung ist also die Orientierung der Erwachsenen zuallererst an der jeweiligen subjektiv erlebten Gegenwart des einzelnen Kindes und nicht an dem, was aus den Kindern in Zukunft einmal werden soll. Kinder müssen jede Lebensphase ganz auskosten können. Sie brauchen *ihre* Zeit, *ihren* Raum, *ihre* Erfahrung; Kindlichkeit muß bewahrt werden.

Die Verwirklichung von Kindzentrierung ist eine Herausforderung für den Erwachsenen. Gerade weil sich das Beziehungsgefälle zum Kind nicht aufheben läßt, ist der pädagogisch verantwortungsvolle Erwachsene gefordert, sich zurückzunehmen, dem Kind Entscheidungs- und Handlungsfreiräume zu lassen.

> *„Es verlangt von allen Eltern und Erziehern viel ab: die Zurücknahme der eigenen Dominanz und Projektionen für das Kind, den Zweifel an der eigenen Omnipotenz und Kompetenz, die Einschränkung der eigenen Egoismen und Machtsphären, die Entschiedenheit, Kinder überhaupt ihren Weg wählen und finden zu lassen“.*[22]

---

[21] Hebenstreit 1994, S. 80

[22] Berg 1995, S. 149

Das ist mit Aushandeln, mit dem Begründen von Positionen, mit Konflikten, mit dem Aushalten von Ängsten verbunden. Es bedeutet aber auch, sich als Erwachsener deutlich zu machen, jenseits von erzieherischer Resignation und hilflosem Machtgehabe zu zeigen, was man selber will. Es bedeutet zu sagen, was man richtig bzw. falsch findet, nicht um das Verhalten des Kindes zu bewerten, sondern als Ich-Botschaft: um Orientierung zu geben und eventuell damit neue Handlungsräume zu eröffnen. Es bedeutet, für Kinder verläßlich zu sein, herauszufinden, wo man von ihnen überhaupt gebraucht wird, und nicht zu erwarten, daß sie alles befolgen, was man von ihnen fordert.

Gefordert ist der Perspektivenwechsel, zumindest der Versuch, die Welt aus den Augen der Kinder zu sehen, das Kind wieder zum Subjekt seiner selbst werden zu lassen.

> *„Kindheit bleibt immer auch noch eine Welt der Kinder, unberechenbar in ihrer Eigendynamik, unbekannt in ihren Krisen, unbegriffen in ihrem Glück oder Unglück, die schon allein darum nicht von Erwachsenen vordefiniert werden kann ... Was zu Kindern gehört, ihre Stärke ausmacht, allein ihnen – noch ungebrochen – eigentümlich ist: ihre Neugier, ihre Spontaneität, ihre Konkretion, ihr Vertrauen, ihre Lebensfreude, ihr Lernwille und Lerneifer, ihr Eigen-Sinn, das alles gilt es zu schützen, und dies um so mehr, weil Kinder zugleich auch schwach sind und der Hilfe von Erwachsenen bedürfen, allemal der Erwachsenen, die pädagogische, kirchliche und gesellschaftspolitische Verantwortung tragen.“*[23]

In der Kindertagesbetreuung muß sich dies in einer bewußten Abkehr von der Aufbewahrungspädagogik äußern. Wir wissen, das Wohlbefinden und die soziale, emotionale und kognitive Entwicklung von Kindern sind an Bewegungslust, Forschungsdrang, Eigentätigkeit und Experimentierfreude gebunden. Genau diesen Bedürfnissen müssen Kinder möglichst uneingeschränkt nachgehen dürfen. Sie müssen nicht perfekt sein, sondern Erfahrungen, und zwar sinnliche, unmittelbare, selbstbestimmte Erfahrungen nach eigenem Rhythmus, und Fehler machen dürfen. Dieses Postulat findet sich auch in Artikel 2 der Charta der Ecole Moderne wieder („*Wir sind gegen jede Indoktrinierung*“, siehe auch Kapitel 2.5., S. 34). Freinet hat dies in aller Konsequenz gelebt.

[23] Berg 1995, S. 149 ff.

## 6.4. Die jugendhilfepolitische Dimension

Der Achte Jugendbericht der Bundesregierung und das Kinder- und Jugendhilfegesetz sind moderne rechtliche Normierungen im Feld der Jugendhilfe, die auf die Lebenswelt der Kinder und ihrer Familien reagieren. Kindertageseinrichtungen sind darin als Jugendhilfeeinrichtungen verankert und ihrem Auftrag unterworfen.

Das Kinder- und Jugendhilfegesetz führt als modernes Leistungsgesetz den Entwicklungsgedanken ein und stellt die Bedarfsorientierung in den Mittelpunkt der Jugendhilfe. Es erteilt der Tagesbetreuung den Auftrag,
- die Entwicklung des Kindes zu einer eigenverantwortlichen und gemeinschaftsfähigen Persönlichkeit zu fördern und
- das Förderangebot an den Bedürfnissen der Kinder und Familien zu orientieren. (§ 24)

Bemerkenswert erscheint uns, daß hier der selbstaktive Anteil des Kindes an seiner Entwicklung hervorgehoben wird. Folgerichtig wird die pädagogische Intervention auf die Förderung dieser Entwicklung und nicht etwa auf ihre Vorwegnahme hin bestimmt. Das Gesetz gliedert den Auftrag zur Entwicklungsförderung des Kindes in die drei Aspekte Betreuung, Bildung und Erziehung. Sie verdeutlichen die umfassende Bedeutung des Förderauftrags. Der Dreiklang dieser Aufgaben ist nicht mit einer Aufsplitterung pädagogischer Tätigkeiten zu verwechseln. Wir wissen, daß einzelne pädagogische Handlungen in der Praxis Betreuungs-, Bildungs- und Erziehungsaspekte in ganzheitlicher Weise vermitteln.

Dem Gesetz war der Achte Jugendbericht vorausgegangen, der Strukturmaximen der Jugendhilfe formulierte.[24] Jugendhilfe wird in diesem Bericht grundsätzlich als lebensweltorientiert verstanden. U. a. geht er differenziert auf die der Alltagsorientierung ein. Dies scheint uns im Zusammenhang mit Kindzentrierung wichtige Hinweise auch auf einer allgemeinen sozialpolitischen Ebene zu geben. Im einzelnen wird Alltagsorientierung aufgegliedert in:
- Zugänglichkeit der Jugendhilfeinstitutionen im Alltag – gegenüber der mit der Institutionalisierung und Professionalisierung verbundenen Tendenz zur Distanz zum Alltag versucht lebensweltorientierte Jugendhilfe institutionelle, organisatorische und zeitliche Zugangsbarrieren zu den Einrichtungen abzubauen;

[24] BMJFFG 1990

- Situationsbezogenheit – damit meint lebensweltorientierte Jugendhilfe, den Menschen als Teil eines sozialen Systems zu sehen, in seinen Selbstverständlichkeiten, Schwierigkeiten und Belastungen;
- Ganzheitlichkeit – in der lebensweltorientierte Jugendhilfe das schwer durchschaubare In- und Nebeneinander unterschiedlicher Erfahrungen akzeptiert und Hilfen in ganzheitlicher Orientierung anbietet;
- die Strukturmaxime der Partizipation – lebensweltorientierte Jugendhilfe baut auf die Mitwirkung von Kindern und Familien. Sie sieht in ihnen keine Objekte, sondern selbsttätige, entwicklungsfähige Persönlichkeiten und Erziehungssysteme, mit denen es einen Dialog zu führen gilt.[25]

Das Förderangebot der Kindertageseinrichtung an den Bedürfnissen der Familien auszurichten, bedeutet im lebensweltorientierten Verständnis, die Familie als Ganzes in den Blick zu nehmen und mit Eltern eine kontinuierliche Zusammenarbeit zu entwickeln. Diese Familienarbeit versucht, mit den Eltern eine Erziehungspartnerschaft zur Förderung der Entwicklung des Kindes aufzubauen. Sie begreift die Kindertageseinrichtung als Ort für die Familien im Stadtteil und versucht, diese sozialen Netze zu stärken. Sie macht den Eltern Angebote, die sie in ihrer Lebenssituation und Erzieherrolle unterstützen.

Freinet ist gewiß nicht der Vater der modernen Jugendhilfe. Zwischen seinen pädagogischen Ansätzen und unseren Jugendhilfenormen besteht überhaupt kein direkter historischer Zusammenhang. Die Begrifflichkeiten gehen auseinander. Dennoch hat er seine Klassen zum Umfeld „geöffnet", das soziale Umfeld in seine Arbeit einbezogen und Elternmitwirkung gesucht und gefördert. Auch hier ging er weiter als manche anderen Reformpädagogen, auch hier wirkt er auf uns sehr modern. Wir sind der Auffassung, daß seine konzeptionellen Überlegungen und die Weiterentwicklung seiner Pädagogik in Kindertagesstätten auf den Hintergrund moderner Jugendhilfeprinzipien passen.

Auch, wenn sich Freinets Prinzipien in erster Linie um die „innere" Pädagogik, d. h. die Gestaltung des Zusammenlebens mit Kindern innerhalb der Institutionen drehen, hat er zeitlebens auch als Bildungspolitiker gewirkt. Seine große Perspektive von der „Pädagogik des Volkes"[26] fand 1968 Eingang in die Charta der Freinetbewegung und noch deutlicher 1973 in das Manifest von Aix[27]. Freinets bildungs- und ju-

[25] BMJFFG 1990, S. 87 ff.
[26] vgl. Dietrich 1995, S. 21
[27] vgl. Dietrich 1995, S. 296

gendhilfepolitische Überlegungen zielten immer auf Chancengleichheit und eine Schule der Arbeit. Diese Zielsetzungen hat die Freinetbewegung auch nach seinem Tode beibehalten.

## *6.5. Vergleichende Betrachtung: Freinet und andere kindorientierte pädagogische Ansätze*

Die Infragestellung überlieferter pädagogischer Praktiken und die erziehungstheoretische Neuorientierung in den letzten Jahrzehnten blieben in der pädagogischen Praxis der Kindertageseinrichtungen nicht folgenlos. Seit den siebziger Jahren wurden verstärkt pädagogische Handlungskonzepte gesucht, neuentdeckt und verbreitet, die die Aussicht auf konkret praktizierbare Kindzentrierung eröffneten. Es sind vor allem der Situationsansatz, die Montessori-Pädagogik und die Praxis der Kindertageseinrichtungen in Reggio Emilia in Italien, die unsere Kinderbetreuungslandschaft in dieser Hinsicht beeinflußten. Wir wollen in aller Kürze die Kerngedanken dieser Ansätze und ihre Gemeinsamkeiten und Unterschiede zu Freinet darstellen.

In der bildungspolitischen Reformbewegung zu Anfang der siebziger Jahre begann die Arbeitsgruppe Vorschulerziehung des Deutschen Jugendinstituts unter der Leitung von Jürgen Zimmer, den *Situationsansatz* als Gegenbewegung zu funktionsorientierten vorschulischen Förderprogrammen zu etablieren. In diesem Ansatz ist das Kind Ausgangs- und Mittelpunkt der pädagogischen Arbeit. Zum zugrundliegenden Menschenbild schreibt Jürgen Zimmer:

> *„Der Mensch ist auf Selbstbestimmung hin entworfen. Er widerstrebt seiner Verwertung durch das unternehmerische Kalkül. Er will zu sich selbst finden. Er widersetzt sich der weltweiten kulturellen Überformung durch die Bewußtseinsindustrien. Er will das Nahe kritisch und gemeinsam zurückerobern.“*[28]

In den zentralen Prinzipien *Autonomie, Kompetenz und Solidarität* spiegeln sich die personalen, sachbezogenen und sozialen Anteile dieses Ansatzes. Er versteht sie als untrennbar aufeinander bezogen und verleiht ihnen einen emanzipatorischen und damit politischen Charakter.

Heute hat dieser Ansatz in vielen Schattierungen weite Verbreitung in den Kindergärten gefunden. Die seinerzeit formulierten Merkmale

[28] Zimmer 1985, S. 245

des Situationsansatzes haben bis heute ihre Gültigkeit nicht verloren – stellenweise wird aber über Weiterentwicklungen diskutiert. Die wesentlichen Merkmale sind[29]:

- Bezug zur Lebenssituation der Kinder: Die Förderung der Entwicklung der Kinder soll nicht durch vorbestimmte Inhalte und künstlich getrennte Förderbereiche erfolgen, sondern sich ganzheitlich am Erfahrungshintergrund der Kinder orientieren.
- Lernen in Erfahrungszusammenhängen: Es soll eine Verbindung von sachbezogenem und sozialem Lernen gefunden werden. In einer anregungsreichen Umgebung sollen die Kinder möglichst selbstbestimmt (autonom), sachgerecht (kompetent) und solidarisch viel ausprobieren und begreifen und im Zusammenleben mit anderen Interessen aushandeln und Verantwortung für andere einüben.
- Lernen in altersgemischten Gruppen: In der Altersmischung werden große Chancen für die Kinder gesehen, weil sie mehr Spielraum für individuelle Entwicklungen läßt, das Lernen untereinander begünstigt, elementare Sozialerfahrungen und die Integration von Kindern mit und ohne Behinderungen ermöglicht.
- Neubestimmung der Erzieherinnenrolle: Die Haltung der Erzieherin im Situationsansatz ist geprägt von ganzheitlichem Denken und Wertschätzung des Kindes und ihrer selbst. Das Aufgabenprofil der Erzieherin verschiebt sich von der Angebotspädagogik hin zu einer stärker beobachtenden und gestaltenden Rolle. Die Zusammenarbeit der Erzieherinnen untereinander wird verstärkt.
- Mitwirkung von Eltern und engere Verbindung von Kindergarten und Gemeinwesen: Die Erziehung der Kinder als gemeinsame Aufgabe von Eltern und Erzieherinnen rückt in das Blickfeld pädagogischen Handelns. Lernen in Lebenssituationen heißt auch, den Kindergarten in seine Wohnumgebung einzufügen und Bezüge zur Nachbarschaft und dem weiteren sozialen Umfeld herzustellen.

In der „Pädagogik vom Kinde aus“ *Maria Montessoris* (1870–1952) kommt ebenfalls eine Kritik am zeitgenössischen Bildungssystem zum Ausdruck. Der Dreh- und Angelpunkt ihrer pädagogischen Prinzipien ist die Haltung dem Kind gegenüber. Sie wendet sich von einem Verständnis ab, das das Kind zum Objekt der Erziehung macht und richtet pädagogische Forderungen an die Erwachsenen, Kindheit als ein *„Stadium der Menschheit* (zu sehen), *das sich vollkommen von*

[29] Colberg-Schrader/Krug/Pelzer 1991, S. 75 ff., Haberkorn 1996, S. 6

*dem des Erwachsenen unterscheidet*"[30]. Die Aufgabe der Erziehung sieht sie darin *„der psychischen Entwicklung des Kindes von Geburt an zu helfen*"[31]. Das Kind leistet „Schöpferarbeit" und „Entwicklungsarbeit" an sich und nach seinem eigenen Rhythmus, es folgt einem inneren Bauplan.

Montessori geht von der sinnlichen Wahrnehmung als Grundlage aller Erfahrung aus. Mit Hilfe von selbst entwickelten Materialien sollen das Bedürfnis nach tätigen Sinneseindrücken befriedigt und die Begriffsbildung gefördert werden. Das Material ist so konstruiert, daß es eine Fehler-Selbstkontrolle ermöglicht und vor allem im Unterschied zu sonstigem didaktischem Material kein intentionales Lernziel erreicht wird. *„Beim Montessori-Material dagegen bleibt die Aktivität erhalten, denn für Montessori gibt es keine begrenzte Zielsetzung.*"[32]

Es fällt ins Auge, daß Montessori an vielen Stellen den Arbeitsbegriff benutzt. Ausgehend von dem von ihr beschriebenen Phänomen der Polarisation der Aufmerksamkeit (*„Ein Kind, das sich konzentriert, versinkt gleichsam und entfernt sich von der äußeren Welt. Nichts kann seine Arbeit stören, und hört die Konzentration auf, so geschieht dies durch einen inneren Vorgang.*"[33]) sieht sie Arbeit als eine Aktivität des Kindes an, die nichts mit Intentionen von Erwachsenen zu tun hat. *„Die Arbeit eint das kindliche Wesen mit der Umgebung. Aber diese Arbeit zeigt sich nur bei Kindern, die in einer Umgebung leben, die ihnen angepaßt ist.*"[34] Gegen erzwungene Arbeit setzt sie die Freiheit der Wahl und die Vorbereitung der Umgebung zur selbstbestimmten Betätigung des Kindes.

Damit wird die Rolle der Erzieherin bestimmt als eine, die die Voraussetzungen zur selbsttätigen Entfaltung des Kindes schafft. Die Erzieherin soll die Vorbereitung der Lern- und Arbeitsumgebung die Selbständigkeit des Kindes fördern und seine schöpferischen Kräfte aktivieren. Berühmt ist ihr Ausspruch *„Hilf mir, es selbst zu tun.*" Der Erwachsene darf sich nicht in den selbstgesteuerten Bildungsprozeß des Kindes einmischen. Das Kind weiß, welche Anregungen und Betätigungen es auf seiner jeweiligen Entwicklungsstufe braucht.

---

30 Montessori 1993, S. 27
31 Montessori 1993 S. 28
32 Becker-Textor 1997, S.18
33 Montessori 1993, S. 34
34 Montessori 1993, S. 34

Zur vorbereiteten Umgebung gehört auch die Haltung der Erzieherin, die Montessori für prinzipiell unterschiedlich zur traditionellen Lehrerin sieht. Die Erzieherin muß sich von jeder vorgefaßten Meinung über das Kind lösen. Sie muß den Glauben daran haben, daß sich das Kind in seiner Arbeit offenbaren wird. Die Produkte des Kindes werden nicht bewertet. In einer solchermaßen vorbereiteten Umgebung ist das Kind *„höchst motiviert und konzentriert – zum Erstaunen vieler Erwachsener. Es läßt sich nicht stören und nicht ablenken und braucht am allerwenigsten die Gängelung und Hilfestellung durch den Erwachsenen.“*[35]

Schließlich spricht sich Montessori auch für Altersmischung aus; sie bezieht sich dabei ursprünglich auf die Mischung jeweils dreier Jahrgänge im Schulalter (erste bis dritte und vierte bis sechste Klasse), schließt aber auch die Altersmischung im Kindergartenalter ein. Ihr Hauptmotiv ist dabei die Kooperation der Kinder, die zu den drei grundlegenden schulorganisatorischen Prinzipien der Montessori-Pädagogik gehören.[36]

Die Pädagogik der Kindertagesstätten in *Reggio Emilia* (Italien), die bei uns in den letzten Jahren einige Bekanntheit erlangt hat, wird als innovative Elementarpädagogik diskutiert.

Sie wird dort in Krippen und Kindergarteneinrichtungen praktiziert. Die Reggio-Pädagogik geht in bewußter Abkehr von einem Defizit-Modell vom Bild des „reichen Kindes“ aus, das seine Welt aktiv, schöpferisch und auf eigene Weise erforscht und gestaltet. Dem Kind sind dafür „hundert Sprachen“, vielfältige Ausdrucksmittel, gegeben, es wird mit Dichtern, Musikern und Naturwissenschaftlern gleichgestellt.[37] Eigentlich dürften wir gar nicht von einem „Bild vom Kind“ sprechen, denn die Reggio-Pädagoginnen wenden sich gegen die Festlegung auf eine „Metapher“, ein Sinnbild: *„Wir müssen das Kind davor bewahren, daß an seine Stelle eine Metapher gesetzt wird, denn eine Metapher favorisiert den Kult und erschwert die Wahrnehmung des Individuums.“*[38]

Das einzelne Kind genau wahrzunehmen, seine Lust am Lernen und Gestalten zu fördern, wird in Reggio konsequent praktiziert. In einem ständigen Wechselspiel von theoretischen Überlegungen, Beob-

[35] Becker-Textor 1997, S. 20
[36] Holtstiege 1997, S. 89
[37] Dreier 1993, S. 69
[38] Malaguzzi 1992, S. 26

achtungen, Reflexionen und praktischen Erfahrungen versuchen die Fachkräfte, den Kindern und ihren Entwicklungsbedürfnissen möglichst gerecht zu werden. Sie lassen sich dabei von *Fragen* leiten, etwa:

- Welche Potentiale bringen Kinder von Geburt an mit sich?
- Wie nehmen sie die Welt wahr?
- Wie interpretieren sie ihre Wahrnehmung und Erlebnisse?
- Wie lernen sie?
- Wie gestalten sie ihre Beziehungen zur Welt und zu anderen Menschen?
- Wie verleihen sie ihren Eindrücken Ausdruck?[39]

Es ist die Suche nach dem Kind, nicht das fertige Wissen über das Kind, das das Verhältnis der Erwachsenen zum Kind in Reggio bestimmt. Folgerichtig gibt es kein geschlossenes Konzept der Reggio-Pädagogik.

> *„In ihrer Philosophie gründet die Reggio-Pädagogik auf die Bewegung aller Dinge und Verhältnisse. Innerhalb dieser Bewegung nehmen Menschen mit ihren gemeinsamen Erfahrungen und Handlungen eine zentrale Stelle ein. Sie sind gestaltende und prozeßhaft sich entwickelnde Subjekte im dialogischen Austausch miteinander sowie mit Dingen und Verhältnissen.“*[40]

Die Pädagoginnen dort sprechen von einer „Pädagogik des Werdens“[41]. Ausgegangen war die „Bewegung“ von den Erfahrungen des Faschismus, dem sie nach 1945 mit einer Erziehung zur Demokratie, sozialer Gerechtigkeit und Solidarität eine neue Gesellschaft entgegensetzen wollte. Die politische Dimension ist mit der Einbettung der Kindererziehung in die gesellschaftlichen Prozesse bis heute erhalten geblieben.

Oft wird bei uns Reggio-Pädagogik mit der Hervorhebung der Raumgestaltung und des künstlerisch-kreativen Arbeitens verkürzt gesehen. Es geht ihr dagegen nicht um die künstlerische Förderung der Kinder, noch nicht einmal um deren (in der Tat faszinierend schönen) Produkte, sondern um den Auseinandersetzungsprozeß der Kinder mit ihrer Umwelt, und dieser wird konsequent als einer *des Kindes* verstanden. Ihren Niederschlag findet diese Haltung in dem Ausspruch: *„Das Auge schläft, bis es der Geist mit einer Frage weckt.“*

Die Aufgabe der Erwachsenen in der Reggio-Pädagogik ist nicht die „Erziehung“ des Kindes, sondern die Förderung der Kommunikation der Kinder mit Kindern, der Umwelt und sich selbst, und das

[39] Dreier 1993, S. 71f.
[40] Kazemi-Veisari 1997, S. 37
[41] Dreier 1993, S. 57

über die Kindertageseinrichtung hinaus; die Eltern, das Wohngebiet, ja die ganze Stadt ist in den Kommunikationsprozeß mit den Kindern einbezogen. Die Erwachsenen hören den Kindern zu. Sie stellen Fragen. Sie sind

> *„einer aufsuchenden, erkennenden, respektierenden und vermittelnden Pädagogik verpflichtet, die viel Hinwendung und Beachtung erfordert ... Sie bieten überschaubare Herausforderungen an, machen die darin enthaltenen Fragen und Angebote gestalt- und erforschbar. In diesem Prozeß sind Erwachsene Mitlernende."*[42]

In der Praxis ist den Pädagoginnen die Umsetzung dieses Rollenverständnisses in beeindruckender Weise gelungen.

- Wie sind dieses Ansätze in der Gegenüberstellung zu Freinet zu bewerten?
- Geht Freinet weiter als die anderen?
- Was fehlt Freinet im Vergleich zu den anderen?
- Welches Fazit ziehen wir bei der vergleichenden Betrachtung dieser Konzepte?

Die Frage, ob alles dasselbe oder doch zumindest sehr ähnlich ist, läßt sich natürlich nur bezogen auf das konzeptionell Gewollte beantworten. In der Praxis findet man erfahrungsgemäß bei allen Ansätzen die vielfältigsten Umsetzungsformen – und es scheinen bisweilen auch gründliche Mißverständnisse nicht ausgeschlossen. Die Beantwortung der Frage hängt vom Maßstab ab, den man bei einer vergleichenden Betrachtung anlegen muß. Wir haben uns für den der Kindzentrierung entschieden.

Ja, diese Konzepte sind sich in diesem Sinne sehr ähnlich. Unter Berücksichtigung unserer eingangs vorgestellten Merkmale von Kindzentrierung kommen wir zu dem Schluß, daß – bei aller Unterschiedlichkeit im einzelnen – allen Ansätzen ein hohes Maß an Kindorientierung eigen ist. Sie berücksichtigen die Entwicklungsbedingungen und -gesetzmäßigkeiten des Kindes, gehen von seinen individuellen Interessen und Bedürfnissen aus, beschreiben die Rolle des Erwachsenen im Erziehungsprozeß als eine unterstützende, auf Machtausübung verzichtende und suchen den Dialog mit dem Kind.

Einschränkend machen wir Unterschiede, wenn man die konzeptionelle Stringenz und schlüssige und umfassende Einbettung der Kindzentrierung des jeweiligen Konzepts in den Blickpunkt rückt.

Freinet-Pädagogik geht aber weiter, weil sie eine Reihe von ele-

[42] Kazemi-Veisari 1997, S. 41

mentaren Merkmalen kindzentrierter Ansätze, die bei jenen z.T. nur partiell verfolgt werden, vereint, indem sie:

- konsequent den Bezug zum Leben der Kinder herstellt und die Frage nach dem persönlichen Sinn aufwirft;
- Freiheit und Verantwortung konsequent verknüpft und durchgängig zuzulassen versucht;
- das große pädagogische Potential des Alltags erkennt;
- die subjektive Welt der Kinder wahrnimmt und die Kinder in der konkreten Ausformung des Alltags Regie führen läßt;
- das große pädagogische Potential des freien Gestaltens und FREIEN AUSDRUCKS nutzt und erkennt
- und sich vor allem die Erwachsenen nicht anmaßen, „im voraus definieren zu können, was aus dem Kind einmal wird“ [43] bzw. werden soll.

Uns scheint die Reggio-Pädagogik noch am nächsten zur Freinet-Pädagogik, da sie gerade in der Wahrnehmung der subjektiven Gegenwart der Kinder eine große Folgerichtigkeit und gedankliche Durchdringung erkennen läßt.

Freinet-Pädagogik verknüpft unserer Ansicht nach den praktischen Alltag in hohem Maße stimmig mit konzeptionellen Überlegungen. Sie ist daher nicht nur ein modernes kindzentriertes Konzept, sondern als Motor und Orientierungsrahmen für eine entwickelte, moderne Kindertagesstättenpädagogik geeignet. Sie ist mehr als eine Methode, nämlich eine, wie wir meinen, besonders konsequente Konkretisierung der programmatischen Eckpunkte, auf die sich die Kindertagesbetreuung heute konzeptionell konzentrieren muß. Darüber hinaus ist sie ausbaufähig, offen für neue Entwicklungen und vereinbar mit anderen kindzentrierten Ansätzen. Nichts ist praktischer als eine gute Theorie. Freinet-Pädagogik ist Praxis-Theorie im besten Wortsinne.

[43] vgl. Artikel 2 der Charta der Ecole Moderne von 1968, in: Dietrich 1995, S. 293

# 7. Anhang

## *7.1. Célestin Freinet: Adler steigen keine Treppen*

*„Der Pädagoge hatte seine Methoden aufs genaueste ausgearbeitet; er hatte – so sagte er – ganz wissenschaftlich die Treppe gebaut, die zu den verschiedenen Etagen des Wissens führt; mit vielen Versuchen hatte er die Höhe der Stufen ermittelt, um sie der normalen Leistungsfähigkeit kindlicher Beine anzupassen; da und dort hatte er einen Treppenabsatz zum Atemholen eingebaut, und an einem bequemen Geländer konnten sich die Anfänger festhalten.*
*Und wie er fluchte, dieser Pädagoge! Nicht etwa auf die Treppe, die ja offensichtlich mit Klugheit ersonnen und erbaut worden war, sondern auf die Kinder, die kein Gefühl für seine Fürsorge zu haben schienen.*
*Er fluchte aus folgendem Grund: solange er dabei stand, um die methodische Nutzung dieser Treppe zu beobachten, wie Stufe um Stufe empor geschritten wurde, an den Ansätzen ausgeruht und sich am Treppengeländer festgehalten wurde, da lief alles ganz normal ab. Aber kaum war er einen Augenblick nicht da: sofort herrschten Chaos und Katastrophe! Nur diejenigen, die von der Schule schon genügend autoritär geprägt waren, stiegen methodisch Stufe um Stufe, sich am Geländer festhaltend, auf dem Absatz verschnaufend, weiter die Treppe hoch – wie Schäferhunde, die ihr Leben lang darauf dressiert waren, passiv ihrem Herrn zu gehorchen, und die es aufgegeben haben, ihrem Hunderhythmus zu folgen, der durch Dickichte bricht und Pfade überschreitet.*
*Die Kinderhorde besann sich auf ihre Instinkte und fand ihre Bedürfnisse wieder; eines bezwang die Treppe genial auf allen Vieren; ein anderes nahm mit Schwung zwei Stufen auf einmal und ließ die Absätze aus; es gab sogar welche, die versuchten, rückwärts die Treppe hinaufzusteigen und es darin wirklich zu einer gewissen Meisterschaft brachten.*
*Die meisten aber fanden – und das ist ein nicht zu fassendes Paradoxon – daß die Treppe ihnen zu wenig Abenteuer und Reize bot. Sie rasten um das Haus, kletterten die Regenrinne hoch, stiegen über die Balustraden und erreichten das Dach in einer Rekordzeit, besser und schneller als über die sogenannte methodische Treppe.; einmal oben angelangt, rutschten sie das Treppengeländer runter …, um den abenteuerlichen Aufstieg noch einmal zu wagen. Der Pädagoge machte Jagd auf die Personen, die sich weigerten, die von ihm für normal gehaltenen Wege zu benutzen. Hat er sich wohl einmal gefragt, ob nicht zufällig seine Wissenschaft von der Treppe eine falsche Wissenschaft sein könnte und ob es nicht schnellere und zuträglichere Wege gäbe, auf denen auch gehüpft und gesprungen*

*werden könnte; ob es nicht, nach dem Bild Victor Hugos, eine Pädagogik für Adler geben könnte, die keine Treppen steigen, um nach oben zu kommen?«*[1]

## 7.2. Adressen

### Bundesweite Informationen und Material sind zu bekommen bei:

**Pädagogik-Kooperative Bremen:** Goebenstr. 8, 28209 Bremen, Tel. 0421/ 34 49 29, Fax 0421 / 3 47 85 56

**Arbeitskreis Schuldruckerei (AKS):** c/o Peter Treitz, Im Graulheck 24a, 66578 Schiffweiler, Tel. 06821 / 6 46 33

### Zum Erfahrungsaustausch und für Praxisinformationen haben sich die folgenden Tageseinrichtungen bereiterklärt:

**Dobritzer Kinderland** (Krippe, Kindergarten, Hort, altersgemischte Gruppe 0–10): Breitscheidstr. 25, 01237 Dresden, Tel. 0351 / 2 52 74 32

**Hort der 56. Grundschule** (Hort): Wilder-Mannstr. 13, 01129 Dresden, Tel. 0351 / 8 49 62 03

**Hort Saalburgstr.** (Hort): Saalburgstr. 5, 63450 Hanau, Tel. 06181 / 3 29 81

**Kinderhaus der AWO Dudweiler** (Kindergarten): Fischbachstr. 91, 66125 Saarbrücken, Tel. 068 / 9 77 73 59

**Kinderhaus der AWO Gerlfangen** (Kindergarten): Zur Bergheck 10, 66780 Gerlfangen (Saarland), Tel. 06833 / 2 21

**Kinderhaus „Borngarten“** (altersgemischte Gruppen 1, 6–10): Auf den Lippsäckern 1, 63303 Dreieich/Offental (Hessen), Tel. 06074 / 87 93

**Kindertagesstätte Friedrich-Engels-Weg** (Hort und Kindergarten): Friedrich-Engels-Weg 2, 65199 Wiesbaden, Tel. 0611 / 31 87 40

**Kindertagesstätte Kellerstraße** (altersgemischte Gruppen 0–12): Kellerstraße 21, 65183 Wiesbaden, Tel 0611/31 32 11 oder 0611 / 31 31 24

**Kindertagesstätte Rodaustraße** (Kindergarten und Hort): Rodaustraße 3, 63179 Ofertshausen, Tel. 06104 / 7 20 20

**Kindertagesstätte Schlangenbaderstraße** (Hort und Kindergarten): Schlangenbaderstraße 3, 65197 Wiesbaden, Tel. 0611 / 31 87 39

[1] Freinet 1980, S. 17f.

**Kindertagesstätte Wallufer Platz** (Hort und Kindergarten, Sprachheilgruppe): Wallufer Platz 15, 65197 Wiesbaden, Tel. 0611 / 31 36 52

**Oederaner Kitz e.V.** (altersgemischte Gruppen 0–12): Durchfahrt 16, 09569 Oederan (Sachsen), Tel. 037292 / 49 65

## *7.3. Die Pädagogik-Kooperative Bremen*

Die Pädagogik-Kooperative in Bremen wurde Mitte der 70er Jahre gegründet. Etwa 10 Jahre älter ist der „Arbeitskreis Schuldruckerei" (AKS), der jedoch heute weit weniger Bedeutung besitzt. Er ist auf die Schuldruckerei spezialisiert. Die Veröffentlichungen des AKS beziehen sich fast ausschließlich auf den Lese- und Schreiblernprozeß mit Hilfe der Schuldruckerei. Wir stellen die Pädagogik-Kooperative auch deshalb eingehender vor, weil sie

- bundesweit den Vertrieb von Freinet-Materialien und Literatur rund um die Freinet-Pädagogik organisiert;
- als Dachverband vieler regionaler Freinet-Gruppen fungiert und
- die bundesweite Zeitschrift „Fragen und Versuche" herausgibt.

Sie versteht sich selbst als Selbsthilfeorganisation von bisher nur Lehrerinnen und Lehrern. Der gesamte außerschulische Bereich ist bislang vollkommen unterrepräsentiert. Das hängt sicherlich mit dem schulischen Ursprung der Freinet-Pädagogik zusammen, ist aber auch den immer noch bestehenden gegenseitigen Ressentiments geschuldet. Freinet-Pädagogik in Kindertageseinrichtungen ist zudem noch nicht sehr stark verbreitet.

Die Pädagogik-Kooperative e.V. ist der Zusammenschluß ihrer ca. 700 Einzelmitglieder. Hinzu kommen ca. weitere 700 Freunde und Freundinnen, die sich an die Kooperative wenden oder an Freinet-Treffen teilnehmen. Der Mitgliedsbeitrag liegt derzeit zwischen 50,– und 160,– DM jährlich. Mitglieder aus den neuen Bundesländern erhalten einen Nachlaß. Einen besonderen Erzieherinnen-Beitrag gibt es derzeit noch nicht. Mitglieder erhalten die Zeitschrift „Fragen und Versuche" (FuV) kostenlos sowie auf die meisten Materialien einen 20prozentigen Rabatt, erhalten regelmäßig Informationen über Veranstaltungen, Material etc. und ein Begrüßungsgeschenk.

Die Pädagogik-Kooperative schickt auf Anfrage einen detaillierten Katalog der von ihr zum Selbstkostenpreis vertriebenen Materialien.

## 7.4. Literatur

Alle *kursiv* gedruckten Titel sind (zum Teil ausschließlich) erhältlich bei der Pädagogik-Kooperative Bremen.

*Baillet, Dietlinde: Freinet – praktisch. Beispiele und Berichte aus Grundschule und Sekundarstufe. Weinheim und Basel: Beltz-Verlag 1995[4].*

Becker-Textor, Ingeborg: Maria Montessori, Erziehung zur Selbständigkeit. In: kindergarten heute spezial „Pädagogische Handlungskonzepte von Fröbel bis zum Situationsansatz“, Freiburg: Herder 1997, S. 16–21

Berg, Christa: Aufwachsen in schwieriger Zeit. In: Synode der Evangelischen Kirche in Deutschland: Aufwachsen in schwieriger Zeit, Kinder in Gemeinde und Gesellschaft. Gütersloh: Gütersloher Verlagshaus 1995, S. 128–154

Bernfeld, Siegfried: Sisyphos oder die Grenzen der Erziehung. Frankfurt: Suhrkamp 1979

Bundesministerium für Jugend, Familie, Frauen und Gesundheit (BMJFFG): Achter Jugendbericht. Bonn 1990

Colberg-Schrader, Hedi/ Krug, Marianne/Pelzer, Susanne: Soziales Lernen im Kindergarten. München: Kösel 1991

*Dietrich, Ingrid (Hg.): Handbuch Freinet-Pädagogik. Eine praxisbezogene Einführung. Weinheim und Basel: Beltz 1995*

Dreier, Annette: Was tut der Wind, wenn er nicht weht?. Begegnung mit der Kleinkindpädagogik in Reggio Emilia. Berlin: FIPP-Verlag 1993

Frankl, Viktor: Das Leiden am sinnlosen Leben. Freiburg: Herder 1987

Frankl, Viktor: Die Sinnfrage in der Psychotherapie. München: Piper 1985[2]

*Freinet, Célestin: Die moderne französische Schule. Paderborn: Schöningh 1979[2]*

Freinet, Célestin: L'Éducation du travail. Neuchatel 1960[2]

Freinet, Célestin: La Méthode naturelle – L'Apprentissage de la Langue. Verviers 1975.

Freinet, Célestin: Pädagogische Texte. Mit Beispielen aus der Arbeit nach Freinet. Hg. von H. Boehncke und C. Henning, Reinbek 1980 (vergriffen)

*Freinet, Célestin: Vom Schreiben zum Lesenlernen. Die „natürliche Methode“. In: Fragen und Versuche – Zeitung der Pädagogik Kooperative Nr. 67, Bremen 1994, S. 10ff.*

*Freinet, Elise: Erziehung ohne Zwang. Der Weg Célestin Freinets. Stuttgart: dtv 1985*

*Freinet-Pädagogik. Ein Werk- und Arbeitsbuch. Eine Zusammenstellung von Beiträgen aus 18 Jahren „Fragen und Versuche“ – Zeitung der Pädagogik Kooperative, Bremen, 1976 bis 1994. Bremen: Pädagogik-Kooperative 1995*

Haberkorn, Rita: Vom Curriculum Soziales Lernen zum Projekt „Orte für Kinder“. In: Hessisches Ministerium für Umwelt, Energie, Jugend, Familie und Gesundheit (Hg.): Orte für Kinder, Erfahrungen und Impulse aus Hessen. Wiesbaden 1996

*Hagstedt, Herbert: Freinetpädagogik und Erziehungswissenschaft – ein gestörtes Verhältnis? In: Hering/Hövel (Hg.): Immer noch der Zeit voraus. Kindheit, Schule und Gesellschaft aus dem Blickwinkel der Freinetpädagogik. Bremen: Pädagogik Kooperative 1996, S. 211–228*

Hebenstreit, Sigurd: Kindzentrierte Kindergartenarbeit. Freiburg: Herder 1994

Hebenstreit, Sigurd: Über das Kind, die Welt und die Zukunft. In: Theorie und Praxis der Sozialpädagogik (TPS), Heft 5/1996, S. 254–258

*Hellmich/Teigeler (Hg.): Montessori-, Freinet-, Walldorf-Pädagogik. Konzeption und aktuelle Praxis. Weinheim und Basel: Beltz 1995*[3]

Hentig, Hartmut von: Vorwort zur deutschen Ausgabe von Ariès, Philippe: Geschichte der Kindheit. München: Hanser 1976

*Hering, Jochen / Hövel, Walter (Hg.): Immer noch der Zeit voraus. Kindheit, Schule und Gesellschaft aus dem Blickwinkel der Freinetpädagogik. Bremen: Pädagogik-Kooperative 1996*

*Hövel, Walter: Die Rechte der Kinder. Freinet-Pädagogik. Bremen: Pädagogik-Kooperative o.J.*

Holtstiege, Hildegard: Freigabe zum Freiwerden. Freiburg: Herder 1997

*Jörg, Hans: Praxis der Freinet-Pädagogik. Paderborn: Schöningh 1981*

Kazemi-Veisari, Erika: Offene Planung im Kindergarten. Ideen und Hilfen. Freiburg: Herder 1996

Kazemi-Veisari, Erika: Reggio-Pädagogik, Lebendiger Dialog zwischen Erwachsenen und Kindern. In: kindergarten heute spezial „Pädagogische Handlungskonzepte von Fröbel bis zum Situationsansatz“, Freiburg: Herder 1997, S. 36–41

Kazemi-Veisari, Erika: Von Kindern lernen – Mit Kindern leben. Freiburg: Herder 1995

Kegan, Robert: Die Entwicklungsstufen des Selbst. München: Kindt 1994

Klein, Lothar: Kinder alleine in der Werkstatt. In: Theorie und Praxis der Sozialpädagogik (TPS), Heft 6/1986, S. 294–297

Klein, Lothar: Damit Kinder eigene Wege gehen können. In: kindergarten heute, Heft 9/1993, S. 26–36

Klein Lothar: „Meine Knochen sind aus Plastik und drumherum ist Rindfleisch." Wo Erwachsene im Bildungsprozeß gebraucht werden. In: Theorie und Praxis der Sozialpädagogik (TPS), Heft 5/96., S. 283–286

Klein, Lothar: Célestin Freinet. Aus dem Leben für das Leben. In: kindergarten heute spezial „Pädagogische Handlungskonzepte von Fröbel bis zum Situationsansatz", Freiburg: Herder 1997, S. 22–30

Klein, Lothar: Das Leben der Kinder dokumentieren. In: Theorie und Praxis der Sozialpädagogik (TPS), Heft 4/97, S. 228–231

Klein, Lothar / Vogt, Herbert: Leben in der Familiengruppe. Ein Praxisbuch über die große Altersmischung. Freiburg: Lambertus 1995

*Koitka, Christine (hrsg.): Freinet-Pädagogik. Unterrichtserfahrungen zu: Freier Text, Selbstverwaltung, Klassenzeitung, Korrespondenz u. a. Berlin: Basis-Verlag 1989*[2]

Laun, Roland: Freinet – 50 Jahre danach. Heidelberg: bvb-edition schmithherb & mehlig 1983

*Le Bohec, Paul / Guillou, Michèle: Patricks Zeichnungen. Erfahrungen mit der therapeutischen Wirkung des freien Ausdrucks. Bremen: Pädagogik-Kooperative 1983*

*Le Bohec, Paul: Natürliche Methode oder „Tastendes Versuchen". In: Fragen und Versuche – Zeitung der Pädagogik-Kooperative Heft 77, Bremen 1996, S. 43ff*

*Le Bohec, Paul: Verstehen heißt Wiedererfinden. Natürliche Methode und Mathematik. Bremen: Pädagogik-Kooperative 1994*

Malaguzzi, Loris: Wenn das Auge über die Mauer springt. In: Senatsverwaltung für Jugend und Familie: Hundert Sprachen hat das Kind. Berlin 1992

Montessori, Maria: Grundgedanken der Montessori-Pädagogik. Freiburg: Herder 1993

Mühlum, Sieglinde: Kinderkonferenz. In: Theorie und Praxis der Sozialpädagogik (TPS) Heft 6/1989, S. 314f.

Negt, Oskar / Kluge, Alexander: Geschichte und Eigensinn. Frankfurt/M.: Suhrkamp 1981

Oerter, Rolf / Montada, Leo: Entwicklungspsychologie. München: Urban & Schwarzenberg 1993

Piaget, Jean: Das moralische Urteil beim Kinde. Stuttgart: dtv 1986

Piaget, Jean: Die Bildung des Zeitbegriffs beim Kinde. Olten: Walter 1974

Postman. Neil: Das Verschwinden der Kindheit. Frankfurt am Main: S. Fischer 1983

Projektgruppe Reggio / Hamburg (Hg.): Wenn das Auge über die Mauer springt. Hamburger Dokumentation. Hamburg 1990

Reifarth, Wilfried / Scherpner, Martin: Der Elefant. Texte für Beratung und Fortbildung. Frankfurt am Main 1993[3] (Eigenverlag des Deutschen Vereins für öffentliche und private Fürsorge)

Rousseau, Jaques: Emile oder Über die Erziehung 1968

Rutschky, Katharina (Hg.): Schwarze Pädagogik. Frankfurt am Main: Ullstein 1977

Völkel, Rainer: Der Hort ist ein nützlicher Ort. Ein Bericht über die pädagogischen Grundlagen institutioneller Erziehung. Hektographierte Diplomarbeit, Frankfurt 1980

Völkel, Rainer: Pädagogik der denkenden Hand. In: päd. extra Juli/August 1986, S. 31 ff.

Vogt, Herbert: Nicht ob, sondern wie Erziehung sein soll. In: Theorie und Praxis der Sozialpädagogik extra Nr. 27, 1997

Zimmer, Jürgen: Acht Fragen zu vier Ansätzen der Pädagogik im Kindergarten: Antworten aus der Sicht der Waldorf- und der Montessoripädagogik, des Situationsansatzes und der Psychoanalytischen Pädagogik. In: Theorie und Praxis der Sozialpädagogik Heft 5/1985, S. 242–252

*Zülch, Martin: Lehrer und Schüler verändern die Schule. Bilder und Texte zur Freinet-Pädagogik. Frankfurt: Arbeitskreis Grundschule e.V. 1981.*

# 7.5. Stichwortverzeichnis